図書館活用術

新訂第4版

検索の基本は図書館に

藤田節子 著

日外アソシエーツ

装 丁：赤田 麻衣子

はじめに

インターネット情報

　今、私たちは情報を得ようとしたら、まずインターネットにアクセスして、検索エンジンのボックスにキーワードを入力し、ヒットしたページの中から見つけるというのが、ごく普通になっています。そのため、「インターネットで、十分に情報を探せている」「図書館などにわざわざ行かなくても、ネットで必要な情報は手に入れられる」と思っていないでしょうか。

　確かに、おいしいお店を探すとか、ネットショッピングをするとか、日常生活のちょっとしたことを探したり、調べたりするには、ネットは大変便利です。でも、本当に、インターネットでだけ探していればいいのでしょうか。

　よく言われていることですが、インターネット上には、政府や地方公共団体、大学や研究機関などが発信する、公共的あるいは学術的な情報もありますが、多くの情報は、企業や団体が広告や販売のために提供していたり、個人が自分の意見を発信したり、ウィキペディアのように共同で特定のトピックに応えたりするものです。この中には、信頼できるものもあれば、誰が何のためにいつ発信したのかわからなかったり、不正確で誤った情報も存在しています。

　一方、世の中には、過去から現在まで多くの本や雑誌が刊行されていて、そこには有用な情報があるのですが、こうした情報内容の全文は（著作権保護が切れたものは別にして）ネット上にはほとんど公開されていません。つまり、インターネット上には、信頼性のある情報が網羅的にあるわけではないということです。

　また、インターネット情報は、いつでも情報内容を更新したり、削除

できるのがメリットですが、そのために、その情報内容が世の中に存在しなくなることがあります。ですから、インターネットで得た情報を根拠にして、発言したり行動しても、あとでそれを再現することができなくなります。

　反対に、ネット上の情報は、古い情報も消さない限り残っています。そこで、検索すると、新しい情報と古い情報とが混在して出てきます。ネット上の情報には、発信日時を示していないものが多いので、いつの情報か判断することが難しく、気をつけて利用しなくてはなりません。

　もうひとつは、ネット情報の多くは、断片的な情報なので、体系的な情報を短時間に得るにはあまり適していません。知りたいことの全体的概要を把握するまでに、ネットサーフィンを繰り返し、結果的には膨大な時間がかかってしまったという経験を持つ人も多いと思います。

検索エンジンによる検索

　これら玉石混淆のネット情報を、私たちは、ふつう検索エンジンによって検索しています。でも、検索エンジンは、ネット上にある情報をもれなく検索しているわけではないことも知っておかなければなりません。

　ネット上には、IDやパスワードが必要なサイトや、無料でも図書館のホームページにある所蔵目録のようなデータベースがあります。これらのサイトや所蔵目録は、深層ウェブなどと称し、通常検索エンジンでキーワードを入力しても検索できません。これらのサイトの中を検索するには、そのサイトやデータベースにアクセスして、その検索システムにしたがって検索します。

　また、私たちは検索エンジンで、ボックスの中に探したい単語や文章を入力して、その語があるページのタイトルを表示させます。しかし、たくさんヒットしたページがあったとしても、たいてい上位の10程度のページを見るにすぎません。したがって、この上位に位置することが重要になるのですが、この順番はしょっちゅう変わり、その順番の根拠は明らかにされていません。

つまり、インターネット情報は大変便利で、今後も有効な情報源のひとつですが、本当に質の良い情報を得ようとすると、今のところは、必ずしも信頼性の高い、体系的で永続性のある情報ばかりではなく、またネット上の情報を検索エンジンで探しただけでは、情報を網羅的に探したとは言えないのです。

　つまり「インターネットにアクセスするほかに、情報の探し方を知らない」ということでは、適切な情報を得ることはできないということです。

図書館の機能

　図書館は、情報と利用者を結ぶ仲介機関です。情報の情報源は、つまるところ人間であり、利用者は人間ですから、言い換えれば、図書館は人と人とを結ぶコミュニケーションの一機関といえます。人が発信した情報は、インターネットはもちろんですが、会話や画像、映像、音楽、本、雑誌など、さまざまな媒体に載せられて、利用者に届けられます。情報には、小説や音楽などの楽しみのための情報も、データや事実などの問題や行動を判断するための情報も両方含んでいます。図書館は、利用者が求めるこれらの情報を、迅速かつ的確に提供する役割を担っています。

　したがって、図書館には、ネット情報を含めて、たくさんの種類の情報や資料が収集され、整理・保存されています。それらの情報のほとんどは、著者名が明記され、いつの情報かが記載され、保存蓄積されていますので、原則的に図書館からなくなることはありません。

　さらに、図書館には、蓄積している情報を探すための所蔵目録や、事典や辞書、年鑑、データベースなどのレファレンス資料が豊富にあります。レファレンス資料は、探したい情報を体系的に簡潔に入手するのに役立ちます。そしてなにより、そうした情報の探し方や整理のしかたに精通した情報の専門家である図書館員がいて、情報に関するサービスを提供し調査の支援をしてくれます。

　インターネットを探すのもいいのですが、インターネットだけでなく、図書館で情報を探すことで、より正確で適切な情報を得ることができます。

図書館に行ってみよう

　最近、図書館に行ったことはありますか。「よく行っている」という利用者でも、案外知らない図書館のサービスがあるものです。

　まず、インターネットで、身近な図書館のホームページを開けてみてください。あなたの持っていた図書館のイメージと違っていないでしょうか。ニュースやイベント情報を見ると、子どものためのお話し会から、郷土史家を招いたセミナー、インターネットの検索講習会などが開かれていますし、調べ方案内などのページもあります。

　そして、一番近くの図書館に出かけてみてください。書架がずらっと並んでいたり、閲覧机が並んでいるのは同じかもしれません。でも、図書館全体は明るく、図書館のそこここにパソコンが置いてあったり、珍しい資料の展示や、館内のいたるところに催し物のポスターが貼られていたり、カラフルなちらしが差し込まれていないでしょうか。

　公共図書館ならば、遠くでは子どもたちの声が聞こえるし、図書館員と利用者が笑いながら話し合っているかもしれません。閲覧席では、利用者が自分のパソコンで熱心に何かを書いています。大学図書館では、情報検索のためのパソコンが並び、学習のための小部屋で学生が議論しています。

　現在、図書館は大きく変化しつつあります。収集する資料も多様化し、新しいサービスも生まれています。古い資料や映像のデジタル化も進んでいます。図書館に来館しなくても、自宅に本が郵送されたり、ホームページから、調べたい情報に関する相談もできます。さまざまな講演会やセミナー、イベントなども開催されています。情報へのアクセスが困難な人への資料の提供サービスも行っています。

　つまり、図書館は、図書や雑誌を読んだり借りるだけでなく、私たちが必要とする多様で幅広い情報を入手し、人と人とが集まって情報交換し、情報を新たに発信する、コミュニケーションの要となりつつあります。

　もちろん、図書館にはあとで述べるように、いろいろな種類があり、設置母体や利用者ターゲット、収集資料や規模や予算も異なるので、昔

と変わらないと思われる図書館もあるかもしれません。でも、外見は変わらなくても、実際の情報サービスの形態は、世の中の情報環境の変化とともに確実に変わっています。

図書館で扱う情報と図書館ネットワーク

　図書館で扱う情報は、書店で目にするような、一般的な商業出版物や雑誌だけはありません。書店では手に入らない情報、たとえば、一部にしか配布されていないけれど重要な内容を含む報告書や行政資料、出席した人しか入手できない会議資料なども収集しています。

　もちろん、印刷物だけではなく、ネット上の有用なサイト、DVDやマイクロフィルム、データベースなどさまざまな形態の情報も扱っています。

　そのほか、情報には、出版されない情報、公にはされない情報があります。このような情報を入手するには、その情報を持っている人・団体・機関など情報の発生源をつきとめて、時には独自に情報を記録化することもあります。図書館では、求める情報を入手するためには、どこに行ったらいいのか、誰に聞いたらいいのかも調べ、その情報も提供します。

　もちろん、1つの図書館では、収集する資料や情報にも限界があります。そこで、図書館では、自らの機関だけでなく、他の図書館とネットワークを組んで、互いに情報の不足を補い合い、情報流通の効率化を図っています。つまり、図書館は1館だけで機能しているのではなく、図書館ネットワークの中の一つとして機能しています。これが図書館の大きな特徴です。

情報を探すツール―所蔵目録

　図書館では、このように入手した情報を、原則としてすべて保存しています。

　しかし、図書が保存されて山のように積んであるだけでは、必要な情報を探しだすのに大変手間がかかります。そこで、集められた情報は、

いつでも利用できるように、分類、整理されています。

　たとえば、あなたの洋服ダンスの引出しを思い浮かべてください。シャツや靴下などを分けて収納しているとすると、それは自分で洋服を種類毎に分類していることになります。それぞれのタンスの引出しに、収めている洋服の種類を書いて貼っているならば、それをキーワードと呼びます。

　個人的な物の分類であれば、自分の好きなように勝手に分類したり、好きなことばを書いておけばよいでしょう。けれども、立場の違う多くの人々が、同じ洋服ダンスを利用しようとすれば、誰もがわかるような共通の分類やキーワードを決めなくてはなりません。

　図書館では、一定のルールに基づいて、収集した資料を分類したり、キーワードをつけたりして整理し、所蔵目録を作成しネットに公開しています。

　所蔵目録には、図書館に所蔵されているすべての資料のタイトルや著者名などが記述され、さまざまな観点から調べられるように工夫されています。利用者はこの所蔵目録を探すことによって、求める資料を所蔵しているかどうか、また図書館のどの場所に行けばその資料が見られるかを調べることができます。

もうひとつのツール—レファレンス資料

　図書館では、情報を探すためのもうひとつのツールとして、レファレンス資料を所蔵しています。

　小説のように全体を通読するのではなく、国語辞典のような何か知りたいことがらを調べるための資料を、レファレンス資料と呼んでいます。レファレンス資料には、国語辞典、地図帳など良く知られているものから、特定の分野の専門事典、図鑑、年表、白書、名鑑、人名録や、文献を調べるための書誌や索引などさまざまなものがあり、ネット上に公開されているものも含まれます。

　ことばの意味を調べる時に、すぐ国語辞典が思い浮かぶのと同様に、

何か知りたいこと、調べたいことがある時、その答えが、どんなレファレンス資料にのっているか、すぐにわかり、使うことができれば大変便利です。

「過去に日本で起きた地震災害について知りたい」ならば『理科年表』（→p.125）に出ています。「在日外国人の人数の推移を知りたい」ならば、『日本統計年鑑』（→p.130）や政府統計の総合窓口サイト「e-Stat」（→p.161）を調べればよいですし、「最近起きた事件を知りたい」ならば、「日経テレコン」（→p.170）などの新聞記事データベースを探すといいのです。

図書館には、このようなレファレンス資料が、たくさん備えられていて、普通、一般の本や雑誌とは別のレファレンス・コーナーに置かれ、利用者がいつでも問題を解決できるようになっています。有料のデータベースの場合は、図書館が契約し、パソコンで利用できるようにしています。

情報の専門家—図書館員

図書館には、所蔵目録やレファレンス資料などがあるだけでなく、情報を探し、利用者の情報へのアクセスを手助けする専門家がいます。こうした仕事に従事する専門家を、図書館員あるいは司書と呼んでいます。

図書館員は、図書館のカウンターに座っている人だけではありません。

図書館員は、あなたの見えない所で、利用者に適切な情報サービスをするために、常に情報源を見張り、必要とする情報を収集し、これを分類、整理し、図書館の管理と運営を行っています。情報と利用者を結ぶ情報サービスの専門家、それが図書館員です。

ですから、図書館で何かわからないことがあったら、ともかく図書館員に聞くのがいちばんです。必ず良いアドバイスをあなたにしてくれます。

つまり、図書館利用の最大のポイントは、情報に精通している図書館員をいかにうまく利用できるかにあると言えます。

情報リテラシーと図書館

インターネット上に情報が溢れているために、一見情報はいつでもどこでも、簡単に手に入るようになったと思われがちですが、その一方で、冒頭に述べたように、情報は断片的で、整理されなくなり、実はよりわかりにくく、探しにくくなっています。

そこで、以前にも増して、私たちひとりひとりが、自分が求めている情報がどのようなもので、どこにアクセスし入手したら効率的かを判断し、入手した情報の信頼性や内容を峻別し、行動する力を持つことが、たいへん重要になってきました。この情報を利用する能力を、情報リテラシーといいます。

情報リテラシーを獲得するには、情報や情報源の種類や特徴、利用法を理解し、実際に経験しながら学ぶのが早道です。頭で理解するだけでなく、繰り返し体験することによってはじめて、自分の求める情報が何か、何を探したらいいか、どのように探したらいいか、入手した情報が適切か否かを見極め、利用するスキルが身につきます。

図書館は、この情報リテラシーをはぐくむ場所として、最も適しています。学校教育の場では、学校図書館や大学図書館、市民に対しては公共図書館がその拠点となります。

図書館をうまく利用できれば、インターネット情報もうまく利用できますが、インターネットだけを使っていては、情報リテラシーは身につかないのです。

本書の利用対象と目的

本書は、日常生活における、さまざまな疑問や問題を解決したいと考えている、知的好奇心のある一般の市民、大学生、高校生などを対象としています。

また、本書は、これからレポートや卒業論文を書こうとしている学生や、はじめて図書館情報学[注1]を学ぼうとする学生の図書館の使い方の入門書としても利用できます。あるいは、外国から来た留学生や市民が、

日本の図書館のしくみと利用のしかたを知るためにも利用できます。

この本を出発点にして、欲しい情報を、自分自身で、速く、的確に探せる情報利用技術をぜひマスターしていただきたいと思います。それは、図書館という場での利用技術にとどまらず、これからのデジタルネットワーク社会を生き抜いて行くための情報リテラシーを身につけることにもなるのです。

改訂にあたって

新訂第3版『図書館活用術：情報リテラシーを身につけるために』の出版から9年を経て、再び改訂する機会を得たことを心から嬉しく思います。利用していただいた読者のみなさん、改訂を続けてくださった日外アソシエーツに感謝いたします。

27年前に初版『学生・社会人のための図書館活用術』（1993）を出版した当時は、まだカード目録が中心でOPACの記述はなく、CD-ROMや電話回線経由のデータベースやコマンド方式の情報検索を紹介しています。新訂版『図書館活用術−探す・調べる・知る・学ぶ』（2002）ではカード目録とOPACを並列で解説し、CD-ROMとインターネットのデータベース両方が紹介されています。また、データベースの大衆化とともに、現在のボックス型の検索画面が登場しています。新訂第3版『図書館活用術：情報リテラシーを身につけるために』（2011）は、カード目録はなくなり、インターネットの拡大に伴い、雑誌記事索引データベースを詳しく解説し、レファレンス資料にもネット情報源が出てきています。

今回は、改訂のたびに変更してきた第10章のデータベース検索に関する章は、「情報検索のしかた」と名称を変え、インターネット情報資源の検索方法としてまとめました。またこれまでと同様に、各章の内容は現状に合うように修正を加え、レファレンス資料、データベース、サイトも追加、修正、削除しました。図や写真、書影は内容に合わせて変更し、付録の参考文献と用語解説も、削除や追加を行いました。

ふりかえると、この30年間の図書館を取り巻く環境の変化は、情報

メディアのみならず、利用者、図書館員、図書館経営などあらゆるところ現れ、それは本書の改訂にも反映しています。一方で、図書館利用ならびに情報探索の、原則的な考え方や基本的な手順は変わらないことも、本書を初版から見ていただければ納得いただけるのではないかと思います。むしろ、インターネットしか情報を探す手段を知らない人達が多くなっているからこそ、図書館という情報拠点を中心にした、ひとりひとりの情報探索能力の獲得がますます重要になっていると言っていいでしょう。

　今後、さらに図書館と情報探索をめぐる情報環境は変わっていくと思いますが、図書館機能を支えるのは、ひとえに人（図書館員）であることも変わりません。優れた図書館員がいるからこそ、適切な情報が収集され、有用な二次資料が作成され、ネットワークが構築され、それらの総合的な図書館機能をもって、利用者に求められるサービスができるのです。そのことを本書をもって、読者に伝え続けたいと思います。

　改訂された本書が、今後も読者の図書館利用や情報探索のために、お役に立てば幸いです。

　最後に本書を著すにあたって、ご協力いただいた方々へ謝意を表したいと思います。田中元和氏（元福井市立図書館副館長(現館長)）には写真提供などの御協力をいただきました。また、これまでの職業生活の中で、ご指導いただいた諸先輩や、議論をいただいた情報専門家の皆さんに、ここにひとりひとりお名前をあげることはできませんが、心からお礼申し上げます。そして、図書館情報学の恩師である故井出翁先生に、心から感謝の意を表します。

2019年12月

藤田節子

注1）図書館情報学とは、情報の特性や情報の生産、収集、組織化、蓄積、検索、提供、管理に関する理論と技術、技能を研究する学問です。

本書の使い方

本書の構成

1. 概論編

　概論編は、図書館の全体像について、あなたがどんな図書館を利用できるか、図書館には何があって、どんなサービスを受けられるのかについて説明します。言いかえると、ここで、あなたに現在の図書館の情報サービス機関としての正しいイメージを思い描いて欲しいのです。

　図書館について良く知らない人、図書館は本を借りるところだと思っている人、あるいはどの図書館に行ったらいいかわからない人は、この概論編からお読みください。図書館の機能について、すでに知っている人は概論編を飛ばしてかまいません。

2. 活用編

　活用編は、以上のような図書館の機能を知った上で、どうしたら図書館で速く適切に情報を探せるかについて、具体的にそのノウハウをお話しします。

　図書館で最も頼りになる図書館員への相談のしかた、情報を探す有効な道具である所蔵目録やレファレンス資料の使い方、インターネット情報検索のしかたを実践的に解説します。

　ところで、所蔵目録やレファレンス資料、ネット情報は、通常キーワードを使って探します。このキーワードをうまく見つけないと、求める情報にたどりつけません。また、探そうとしている資料が本なのか雑誌記事なのかといった、資料の識別のしかたを知らなければ、効率よく探すことができません。そこで、キーワードの見つけ方と、書誌事項の書き方と見方についても説明します。

　図書館で、書架をながめて本を探したり、本を借りたり、コピーをしたことはあるけれども、それ以外の利用のしかたを知らない人や、欲しい資料を見つけられなかったり、求める情報を得られなかった経験のあ

る人は、この活用編から読んでください。

3. 付録

　本書は、図書館で情報を探す入門書なので、もっと詳しく図書館の利用や情報探索の方法について知りたい人のために、比較的読みやすい主な資料を付録Ⅰにおさめました。本書で、図書館や情報探索に興味を持った方は、さらに付録Ⅰに掲載した資料を参考にしてください。

　また、本書ではできるだけ図書館の専門用語を使用しないように心がけ、どうしても使用しなければならない場合は、なるべく解説をするようにしましたが、付録Ⅱでまとめて主な用語162語の解説を付けました。本文中でわからない用語にぶつかったら、この用語解説を読んでください。

4. 索引

　巻末には、本書に掲載した書名、機関名、事項などからひける索引を掲げました。本書は通読するだけでなく、この索引をひいて、必要な時に必要とする本文中の記述を探し、情報探索のマニュアルとしてお使いください。

　たとえば、あなたが新聞記事の探し方をこの本で読みたいと思ったら、索引で「新聞記事」を調べてください。索引では、目次にはでてこないような項目も探すことができます。

5. 参照・注記

　本書では、関連することがらや別のページで説明したことがらを案内するために、「(→p.)」の印を付けています。図書館の利用方法は、互いに関連しあっています。この矢印で示したページも参照してください。

　また、必要に応じて文章の右肩に「注)」をつけて、本文中で説明しきれないことがらを、各章末に注記しました。注記は各章ごとに順番に番号を振っています。

6. URL

　本書で紹介した無料のサイトやWebページのURL（2019年11月末現在）は、時々変更になりますので、掲載したURLに該当ページが見

当たらない場合は、検索エンジンなどで探してください。なお、有料の
サイトは「（有料）」と記載し、URLは記載していません。

資料の記述

本書で紹介した資料は、基本的に以下のように記述しています。

●一冊の本の場合

| 書名 | 版次 | 編著者 | 出版者(社) | 出版年 | 総ページまたは総冊数 |

広辞苑　第7版　新村出編　岩波書店　2018　3216p.
　現代人の言語生活に必要なことば約25万語を幅広く収録し、そ
の意味や用例などを調べることができます。一般に使用されて
いる語のほか、専門用語、外来語、俗語、方言、古語、述語、
動植物名、地名、人名、季語、「炎上」「婚活」「LGBT」などの
新語や現代用語なども含まれています。別冊付録には、「漢字小
辞典」「アルファベット略語一覧」などが収録されています。と
りあえず、日常のことばならば、これを調べてみてください。
電子辞典も出版されています。

解説

●逐次刊行物の場合

| 書名 | 編著者 | 出版者(社) | 創刊年 | 刊行頻度 |

科学技術白書　文部科学省編　財務省印刷局　1958-　年刊
　毎年、わが国の科学技術活動の現状や課題、動向、施策などを、
各種のデータを用いながら考察しています。たとえば2019年版
では、知識集約型社会を背景に、科学技術において重要性が増
している基礎研究の価値や技術などについて紹介しています。
この白書も、文部科学省のホームページから入手可能です。

解説

● Web サイト・Web ページ

タイトル　　　　　　　　発信者・編著者　　　　　URL（無料のもののみ）

e-Stat（政府統計の総合窓口）　総務省統計局　https://www.e-stat.go.jp/
　政府の各府省が公表している統計データをひとつにまとめた、
政府統計のポータルサイトです。分野や組織名、キーワードな
どから検索できます。Excel ファイルなどのデジタル形態でデー
タを入手でき、地図上に表示できる機能もありますから、入手
後に編集や加工が可能です。また、都道府県統計課や外国政府
統計局などのホームページへのリンク集もあります。　　　　　解説

本書を使われる教員や図書館員の方々へ

　本書は、初歩的で一般的な図書館の使い方を示しています。したがっ
て、本書を図書館の利用支援のテキストとして使われる場合は、それぞ
れの図書館とそこでの利用者の実情にあうように、補足していただきた
いと思います。また、本書を司書課程教育の入門書やサブテキストとし
て使う場合は、図書館員の立場からのより専門的な資料と解説を提示し
ていただきたいと思います。

　特に、本書では日本語で書かれた資料を中心としていますので、外国
語の資料については、別のテキストが必要であると考えます。また、レ
ファレンスサービスのプロセスは、さまざまなケースがありますが、基
本的なルートと、極めて代表的なレファレンス資料を説明するにとどめ
ています。

　特定分野の調査研究をする方々には、それぞれの主題の情報専門家が、
主題毎のレファレンス資料を紹介したり、独自のテキストを作成してい
ただきたいと思います。

　本書では、ことあるごとに、最終的には図書館員に相談するよう、繰
り返し述べています。図書館における図書館員の重要性を強調しすぎる
ことはないと信じています。

目　　次

はじめに……………………………………………………………… 3
本書の使い方………………………………………………………… 13

概論編

第1章　どんな図書館を利用できるか ……………… 21

（1）図書館の種類 ………………………………………… 21
（2）利用できる図書館 …………………………………… 24
（3）図書館ネットワーク ………………………………… 25
（4）どこにどんな図書館があるかを調べるには ………… 28

第2章　図書館を歩いてみよう ……………………… 30

（1）受付カウンター ……………………………………… 31
（2）書架 …………………………………………………… 31
（3）雑誌コーナー ………………………………………… 36
（4）新聞コーナー ………………………………………… 36
（5）レファレンス・コーナー …………………………… 36
（6）視聴覚資料コーナー ………………………………… 38
（7）児童書コーナー ……………………………………… 38
（8）所蔵目録コーナー …………………………………… 38
（9）情報検索コーナー …………………………………… 39
（10）閲覧室………………………………………………… 40
（11）研究室・学習室 ……………………………………… 40
（12）複写コーナー ………………………………………… 41
（13）展示コーナー ………………………………………… 41

（14）その他 ……………………………………………… 41

第3章　図書館には何があるか …………………………… 42

（1）図書館の3大資源 …………………………………… 42
（2）図書館員とは ………………………………………… 43
（3）図書館にはどんな資料があるか ………………… 45
（4）情報を探すための便利な道具 …………………… 52

第4章　どんなサービスを受けられるのか …………… 54

（1）閲覧 …………………………………………………… 54
（2）貸出 …………………………………………………… 54
（3）予約・購入リクエスト …………………………… 56
（4）レファレンス・サービス ………………………… 56
（5）データベース検索サービス ……………………… 59
（6）複写サービス ……………………………………… 59
（7）ホームページ上での情報提供 …………………… 60
（8）公共図書館におけるサービス …………………… 61
（9）大学図書館におけるサービス …………………… 62

活用編

第5章　図書館員への相談 ………………………………… 64

（1）図書館員を探せ …………………………………… 64
（2）相談をする前に …………………………………… 65
（3）単刀直入に聞く …………………………………… 68
（4）無理をしてことばをあてはめない ……………… 68

第6章　OPACのしくみと探し方 ……………………… 70
オーパック

（1）OPACのしくみ …………………………………… 70
（2）検索画面 …………………………………………… 72

（3）ヘルプを探す …………………………………………… 72

（4）どの検索項目を使ったらよいか ……………………… 72

（5）OPACで資料を探す手順 ……………………………… 76

（6）請求記号のしくみ ……………………………………… 78

（7）OPAC詳細表示画面の記述 ………………………… 80

（8）分類表 …………………………………………………… 83

（9）日本十進分類法（NDC）……………………………… 83

（10）資料が見つからない場合は …………………………… 84

第7章　キーワードをうまく見つけるには …………… 89

（1）キーワードのしくみ …………………………………… 89

（2）キーワードの種類 ……………………………………… 91

（3）キーワードが見つからない理由 ……………………… 92

（4）キーワードを見つけるこつ …………………………… 94

（5）キーワードリストの利用 ……………………………… 98

（6）うまく見つからない場合は …………………………… 99

第8章　書誌事項の書き方と見方 …………………… 102

（1）必要な書誌事項 ………………………………………… 103

（2）書誌事項の書き方 ……………………………………… 103

（3）参考文献リストから書誌事項を読み取る ………… 110

（4）出典をメモする ………………………………………… 110

（5）書誌事項がわからない場合には …………………… 112

第9章　レファレンス資料の使い方 ………………… 113

（1）レファレンス資料の種類 …………………………… 113

（2）案内型レファレンス資料 …………………………… 115

（3）回答型レファレンス資料 …………………………… 121

（4）レファレンス資料の選び方 ………………………… 130

（5）正しいレファレンス資料の使い方 ………………… 133

（6）調査タイプ別レファレンス資料 ………………………… 138

（7）ことばの意味やよみを調べる ………………………… 140

（8）人物や企業・団体を調べる ………………………… 146

（9）地名を調べる ………………………………………… 155

（10）統計やデータを調べる ……………………………… 159

（11）本や雑誌・新聞を探す ……………………………… 162

（12）雑誌・新聞記事を探す ……………………………… 166

（13）レファレンス資料を調べるレファレンス資料がある … 171

（14）レファレンス・サービスを受ける ………………… 174

第10章　情報検索のしかた ……………………………… 175

（1）情報検索のしくみと機能 …………………………… 175

（2）インターネット情報資源の選び方 ………………… 180

（3）情報検索の手順 ……………………………………… 183

（4）情報検索の実例 ……………………………………… 189

（5）雑誌記事を手に入れるには ………………………… 193

（6）うまく検索できない場合は ………………………… 195

付録Ⅰ　もっと知りたい人のために ……………………… 199

付録Ⅱ　用語解説 …………………………………………… 206

索引 ……………………………………………………………… 217

概論編

第1章　どんな図書館を利用できるか

(1) 図書館の種類

図書館には、いろいろな種類と特徴があります。まず、それぞれの図書館を紹介しましょう。

a. 公共図書館

都道府県、市町村の地方公共団体が設置した図書館を、一般的には公共図書館と呼んでいます。公共図書館は、図書館法のもとに設置され、各地方公共団体の教育委員会が管理運営しています[注1]。公共図書館は、全国に約3,300館あり、平均すると1館約14万冊の蔵書があります[注2]。

公共図書館では、一般に流通している図書や雑誌だけでなく、その地方公共団体の刊行物、地方新聞、地方出版社の出版物、地域の歴史・風土に関する古文書なども収集し、地域の生活に密着した地域情報や郷土資料を得るために大変役立つ機関です。

最近は、明るく使いやすい施設の中で、DVDなどの視聴覚資料の充実も図られ、自宅から貸出予約ができたり、図書館に出かけられない高齢者や障がい者へ宅配をするなど、新しいサービスを行う図書館も増えてきました。児童書や絵本も豊富に収集され、子どもたちへのお話し会なども盛んに行われています。

また、資料の貸出だけではなく、地域の情報センターとして、有料のデータベース検索ができたり、イベントや講習会を開催したり、私たちの身近な生活に生ずる課題を解決するための機関となってきています。

　公共図書館は、その地方公共団体に住んだり、通勤・通学している人ならば、誰でも無料で利用することができます。公共図書館は、一般市民にとっては、最も気軽に利用できる図書館のひとつですから、大いに活用したいものです。

b. 学校図書館

　学校図書館とは、小学校、中学校、高等学校に設置された図書館です。これらの学校図書館は、学校図書館法という法律のもとに設置が義務づけられているので、すべての学校に存在します。学校図書館は、その学校に所属する生徒および教師を対象としています。司書教諭や学校司書を中心として、読書の推進と、調査や問題解決のための情報の利用方法を学ぶ場として、学校教育の中で重要な位置を占めています。

c. 大学図書館

　大学図書館とは、大学や短期大学、高等専門学校に設置された図書館で、大学設置基準などのもとに設置が義務づけられています。大学の学部や研究室などに、図書室を設けている大学もあります。

　大学図書館は、学生や教員の学習および研究活動のために、情報を提供することを目的としています。したがって、大学図書館には、多くの専門分野の資料が蓄積されています。提供される情報サービスは、学生に対しては情報教育の一環として行われますが、教員に対しては、特定の分野の網羅的かつ詳細な情報探索が行われます。そのため、後に述べる専門図書館に近い機能を持つ図書館もあります。大学図書館では、専門分野の情報サービスをするために、広く自館以外の情報サービス機関との連携をはかっています。また、地域住民に積極的に公開する大学図書館も多くなってきました。

d. 国立国会図書館

　国立国会図書館は、国会議員、行政、司法とともに、国民全体に対して情報サービスを行うことを目的として設置された図書館で、東京本館

と関西館、国際子ども図書館の3館があります。国際子ども図書館は自由に利用できますが、東京本館と関西館は、原則として18才以上の人が入館できます。

　国立国会図書館法により、国内で出版された図書、雑誌、新聞はもとより、DVDなどの電子メディアも、すべてこの国立国会図書館に納本されることになっています。これを納本制度と呼んでいます。実際には、納本されない資料も多くありますので、わが国の資料がすべてここにあるとは言えませんが、所蔵図書約1,115万冊[注3]を誇る日本最大の図書館であることは間違いありません。

　国立国会図書館の所蔵資料は、インターネットで検索することができます（→p.116）。所蔵する資料を保存するため、資料の貸出はできませんが、インターネット経由で資料のコピーを申し込み、郵便で受け取ることができます。また、最近では、所蔵資料のデジタル化が進み、その一部はインターネットを経由して一般に公開されています。

　また、国立国会図書館は、直接国民に情報サービスをするだけでなく、全国の各図書館に対して、蔵書の貸出や、デジタル資料の閲覧サービスなどを行っています。つまり、わが国のすべての図書館ネットワークの中心として、「図書館の図書館」の役割を果たしているのです。

e.　専門図書館

　専門図書館とは、企業や団体に所属する図書館で、ある専門分野の情報を集めて情報サービスをしている図書館と言ってよいでしょう。これらの大部分は、設置母体である企業や団体のためにあるわけですから、通常はそこに所属する社員や職員しか利用できません。

　しかし、専門図書館の中には、一般に対して公開している図書館もたくさんあります。専門図書館の多くは、その専門分野の資料をきめ細かく収集し、専門分野に精通した図書館員が情報サービスを行っているので、利用することができれば大変に役立つ図書館です。

　全国には、味の素食の文化センターが運営する食の文化ライブラリーや、演劇や映画の資料を提供している松竹大谷図書館など、ユニークな

専門図書館がたくさんあります。『専門情報機関総覧』（→p.28）には、こうした一般に利用できる図書館が数多く紹介されています。

ただし、専門図書館には、それぞれ利用規則がありますので、利用する前には各ホームページや電話で確認してから、出かけてください。

その他、身体障害者福祉法に基づく点字図書館（視聴覚障害者情報提供施設）、病院内に設置された患者図書館などもあります。

(2) 利用できる図書館

図書館といっても、いろいろな図書館があることがわかったと思います。では、私たちが現在利用できる図書館は、どのようなところがあるでしょうか。図1.1を見てください（これは、原則ですから、あてはまらない場合ももちろんあります）。

もし、あなたが高校生や大学生ならば、所属する学校図書館や大学図書館は当然利用できます。そこが最も、利用しやすい図書館でしょう。そのほかに、高校や大学の所在地の公共図書館、たとえば、大学が東京都文京区にあるならば、文京区立の公共図書館10館と東京都立の公共図書館2館（中央図書館、多摩図書館）が利用できます。

会社員や職員ならば、所属する企業や団体の図書館はもちろん利用できますし、職場の所在地にある公共図書館も利用できます。

あなたの住む地域、たとえば横浜市に住んでいれば、横浜市立図書館18館（ほかに移動図書館もあります）と神奈川県立図書館2館が利用できます。それから、18才以上ならば、国立国会図書館も利用できます。さらに、一般に公開されている専門図書館、すなわち前項で紹介した食の文化ライブラリーなども利用できます。

意外に知られていないのですが、卒業した大学、短大などの図書館もOBとして利用できます。

私たちは、こんなにたくさんの図書館を利用することができるのです。

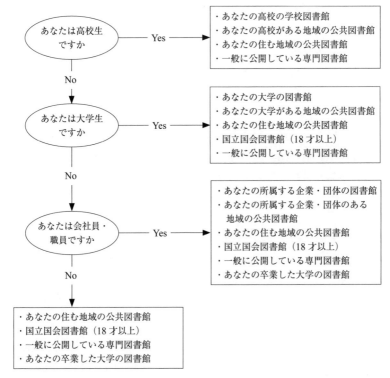

図1.1　あなたが利用できる図書館

（3）図書館ネットワーク

　これ以外の図書館は利用できないのかと言うと、実はそうではありません。図書館の優れた点は、これらの図書館が同じ館種間で、あるいは館種を超えて、相互に関係を持ち協力しあい、利用者にサービスしていることです。これを図書館ネットワークとか相互協力などといいます。

a.　公共図書館

　たとえば、東京都国分寺市に在住・在勤の市民は、国分寺市立図書館のほか隣の府中市・国立市・小平市・立川市の図書館を同様に利用することができます。これが、公共図書館間のネットワークです。

　これは、市区町村立図書館と都道府県立図書館との間でもいえます。近くの市区町村立図書館にはないけれども、都道府県立図書館に資料がある場合は、直接出向かなくても、市や町の図書館を窓口にして、都道府県立図書館の資料を借りることができます。もちろん返却は近くの市町村立図書館にします。

　資料の貸出だけではなく、調べたいことがらが地元の図書館では調べがつかない場合は、都道府県立図書館に問い合わせて調べてくれます。たとえば、都立中央図書館では、都内の公共図書館では調べられなかった専門的な調査を受け付けています。

　つまり、異なる地方公共団体でも、公共図書館間で、互いの資料や情報を交換し、利用者への情報提供サービスを円滑に行っています。

　また、公共図書館と学校図書館の間では、調べ学習や読書活動のために必要な資料を貸出したり、図書館員が学校図書館を支援したりして、地域における情報活動を推進しています。

b.　大学図書館

　大学図書館では、学術研究のために必要であるならば、通常、所属する大学図書館で紹介状を書いてもらえば、他の大学図書館を利用することができます。また、他の大学図書館所蔵の資料を借りたり、資料のコピーを取り寄せることもできます。

　大学生が他の大学の図書館を自分の図書館と同様に利用できる方法もあります。たとえば、国際基督教大学など多摩地区の6大学が加盟する、多摩アカデミックコンソーシアムでは、学生や教職員がそれぞれの図書館を自由に利用することができます。

　また、大学図書館では、所属する学生や教職員の他に、一般の人や地域の人々に公開している図書館があります。美術や音楽の資料を所蔵している、東京藝術大学附属図書館では、入館時に申請書に記入すれば、一般の人も閲覧や複写サービスを受けられます。これらの一般に公開している大学図書館については、図書館ガイドブック（→p.28）を読んでください。

c.　国立国会図書館

　国立国会図書館にある資料を閲覧したいとしたら、わざわざでかけなくても、全国の図書館を通じて利用することができる、図書館間貸出サービスがあります。通常は、最寄りの公共・大学・専門図書館を通じて申し込みをすると、国立国会図書館の資料を郵送で1ヶ月間その図書館に貸出をしてくれます（貸出できない資料もあります）。また、資料の複写については、公共図書館や大学図書館を経由するか、直接国会図書館に個人的に申し込みをすれば有料で入手できます。

　また、デジタル化された資料で、ネットに一般公開されていない資料を、全国の公共図書館、大学図書館などの館内で見ることができる、図書館向けデジタル化資料送信サービス（図書館送信）もあります。

　ただし、国立国会図書館に、これらの図書館間貸出サービスや図書館向けデジタル化資料送信サービスの手続きを、まだ行っていない図書館もあるかも知れませんから、詳しくは図書館で尋ねてみてください。

d.　専門図書館

　一般に公開していない専門図書館でも、研究調査のためであれば、会員や図書館員の紹介があれば利用できる場合もあります。

　専門図書館では、利用者によりよいサービスを行うために、専門図書館協議会をはじめとするさまざまな組織を通じて、相互協力をはかっています。この人的・組織的なネットワークを利用して、非公開の専門図書館の資料を利用したり、閲覧させてもらうことができるのです。詳しくは図書館でぜひ聞いてみてください。

　それぞれの図書館には、多くの資料が所蔵されていますが、古今東西の膨大な資料をひとつの図書館で収集し、蓄積保存することはできません。一方、私たちの知的欲求や必要とする情報の分野や種類は、限りなく広範囲に及んでいます。

　そこで、図書館間では、全国的な規模でネットワークを組んで、自館だけでなく他の図書館と協力して、情報サービスをおこなっています。

ここにあげた例以外でも、地域毎に、あるいは館種を越えてネットワークを結ぶところも増えてきました。

　図書館を利用する場合には、その図書館だけではなく、その図書館を窓口にして、国立国会図書館をはじめとして、全国の公共図書館、大学図書館、専門図書館ともつながっているのだということを覚えておいてください。あなたの図書館の背後には、何億冊という蔵書を持つ全国の図書館と、そこで働く情報専門家である図書館員がいるのです。

（4）どこにどんな図書館があるかを調べるには

　図書館を利用するためには、どこにどんな図書館があるかを知らなければなりません。代表的なインターネットのリンク集と、図書館を調べるためのガイドブックを紹介します。これらを参考に、あなたの調べたいテーマにあった図書館を探してください。また、本書付録Ⅰ（→p.200）にも、図書館ガイドブックが紹介されていますので、参考にしてください。

図書館リンク集 日本図書館協会 https://www.jla.or.jp/link/tabid/95/Default.aspx
　日本図書館協会のホームページに「図書館リンク集」というページがあります。全国の公共図書館や大学図書館などのリストです。都道府県別に分類され、リスト中の図書館名をクリックすれば、その図書館のホームページを見ることができます。所蔵目録の検索ができるかどうかもわかります。

専門情報機関総覧　専門図書館協議会調査統計委員会編　専門図書館協議会　2018　876p.
　国、地方公共団体、公益法人、企業、大学などに所属する全国の専門図書館約1,600館の住所、蔵書内容、職員数、予算、利用資格、サービス内容などが詳しく掲載されています。一般に公開されている図書館や限定公開の図書館もマークによってわかります。ネットでも、キーワードや主題分野、地域、機関種別などから探すことができ、専門図

図1.2『専門情報機関総覧』

書館を網羅的に調査するのに便利です。アンケート調査をもとに作成され、3年毎に刊行されています（図1.2参照）。

注1）公共図書館は、図書館法では公立図書館と称しています。近年指定管理者制度によって、運営を営利企業・財団法人・NPO法人などの団体に包括的に代行させている図書館もあります。

注2）"公共図書館集計（2018）". 日本の図書館：統計と名簿2018. 日本図書館協会図書館調査事業委員会編. 日本図書館協会，2018，p.24. http://www.jla.or.jp/Portals/0/data/iinkai/図書館調査事業委員会/toukei/公共集計2018.pdf，（参照2019-11-22）.

注3）"統計　第7　図書館資料受入・所蔵統計". 国立国会図書館年報平成29年度. 2018，国立国会図書館，p.100. http://dl.ndl.go.jp/view/download/digide-po_11213033_po_nen29.pdf?contentNo=1，（参照2019-11-22）.

第2章　図書館を歩いてみよう

　毎週のように、図書館に出かけている人でも、図書館の中で立ち入ったことのないコーナーや書架が案外あるものです。近年、図書館は幅広い資料や情報を収集し、日々進化していますから、今まで利用したことのないサービスが始まっていたり、思いもかけない資料を所蔵していたりします。

　ましてや、初めての図書館では、戸惑ったり、すぐに欲しい資料を見つけることができなかったりします。

　図書館のホームページには、開館時間や休館日、利用案内や情報の探し方などが詳しく紹介されていますので、あらかじめ調べておくとよいでしょう（図2.1参照）。最近は、FacebookやTwitterなどのSNSで情報発信している図書館もあります。それらで最新の図書館のイベントや話題、本の情報なども知ることができます。

図2.1　利用案内例

　図書館に入ると、通常、カウンターに利用案内も置いてあります（図2.1参照）。利用案内には、フロアー案内図、利用方法、情報の探し方などがわかりやすく説明されています。はじめて図書館に足を運んだならば、まずこの利用案内を手に、図書館全体を歩いてみましょう。

　なお、図書館では、「図書館ツアー」などと称して、図書館の全体の配置やサービスを案内するプログラムを組んでいるところもあります。このようなプログラムがある場合には、ぜひ参加してみることをお勧めします。

　図書館によって違いはありますが、大体大きく分けると、いくつかのエリアに分かれて構成されています（図2.2参照）。

（1）受付カウンター

　図書館に入ると、必ず受付カウンターがあります。受付カウンターでは、簡単な利用の案内をしてくれるほか、利用登録の手続き、資料の貸出、返却、閉架書架の資料の出し入れなどのサービスを受けることができます。

－福井市立桜木図書館－

（2）書架

　図書館に入ってまず目につくのは、たくさん並んだ書架です。書架にもいろいろあります。

a．開架書架と閉架書架

　書架には開架書架と閉架書架があります。開架書架とは、利用者が自由に直接本を手にとって見たり探したりできる書架です。それに対して閉架書架とは、利用者が直接本を探すのではなく、ある本が所蔵されていることを確かめてから、図書館員に頼んでその本を出してきてもらうものです。

　図書館の資料は、時とともに増加するので、スペース節減のため、良

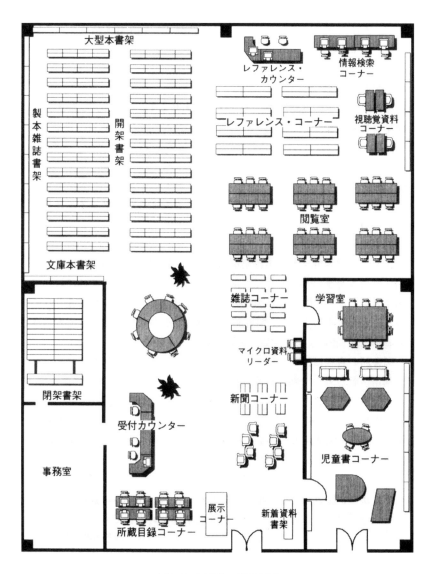

図2.2 図書館の配置図例

く利用されるものや新しい資料は、広いスペースの開架書架に置いて、古い資料や貴重書などは閉架書架に置かれる場合があるのです。

　図書館には、所蔵している資料をすべて開架している図書館もありますし、開架・閉架両方の書架を持っている図書館もあります。国立国会図書館のように、ほとんどの資料を閉架にしている図書館もあります。

　ですから、図書館では、目に入る書架に並べられている資料が、所蔵しているすべてとは限りません。開架書架にない場合でも、閉架書架にあるかもしれません。あるいは、貸出中であったり、誰かが閲覧しているかもしれません。そこで、図書館に所蔵している資料すべてを探すために、所蔵目録が用意されています。所蔵目録のしくみについては、第6章（→p.70）で詳しく説明します。

ｂ．大型本書架

　大型の本は、大型本専用の書架に別置されている場合があります。

　これも、所蔵目録で調べればわかりますが、開架書架を眺めることによって本を探している場合には、見落としてしまうことがあります。特に美術・歴史分野や地図などを探す場合には、大型本が多いので気をつけた方がいいでしょう。

ｃ．新書・文庫本書架

　逆に新書や文庫本などの小型の本だけを、集めて別置している場合もあります。これも、大型本書架と同様に、所蔵目録によって、その配架場所を知ることができます。

ｄ．新着資料書架

　図書館では、毎日たくさんの資料を受け入れています。そこで、新しく入手した資料を特に別置して、利用者の関心をひくように工夫している図書館もあります。この書架を眺めることによって、図書館の最新入手資料をすばやく見つけることができます。

ｅ．製本雑誌書架

　新しい発行年の雑誌は、後で述べる雑誌コーナーに置かれていますが、過去の雑誌(バックナンバー)は、閉架書架に置いている場合があります。

　あるいは、一年分とか巻数ごとに一冊に製本をして、本と同じような

形態にし、製本雑誌の書架に収めている図書館もあります。雑誌の利用は最近のものに集中します。そこで、新しい雑誌は、そのままの状態で利用してもらい、バックナンバーは、散逸を防ぎ、取り扱いを容易にするために製本したり、閉架書架に収めるのです。開架にないときは、閉架を探してみてください。

ｆ．その他の主題別書架

　図書館によっては、ある特定の著者やテーマの資料を集めた書架や、規格や特許資料、カタログなど、特殊な分野や形態の資料を別置している場合があります。それらは、その図書館が独自に収集し、他に見られない貴重な資料であったりします。したがって、特別に一つのコーナーや部屋を設けていたり、閲覧するために許可がいるような場合もあります。

　公共図書館では、その地域で発行された新聞、雑誌、その地域に関する地理・歴史の資料、郷土が生んだ著名な作家の資料などを集めた書架や郷土資料室などもあります。

　大学図書館では、大学の創立者や歴史的な資料、また教授の寄贈文庫などがあります。

　専門図書館では、研究所などで発行される技術報告書を集めた書架や、特許資料のコーナーなどがあります。

ｇ．本の配列

　書架に配架されている本の背には、すべてラベルが貼ってあります。このラベルには、その本の分類や著者の記号が付与されていて、この記号の順番に本は並べられています（図2.3参照）。

　本は、だいたい、歴史、社会科学、自然科学、文学などのように学問分野に分類されて並べられています。ラベルの一番上に書かれている記号が分類記号です。分類記号は、小さい数字から大きい数字の順番に、書架の左から右に、上から下へ並べられています。

　同じ分類記号の本は、2番目の段以下に記述してある図書記号によって、同様に順番に並べられています。2番目の段の記号は、著者名の頭文字を示すことが多く、著者記号と呼ばれています。これも、五十音順

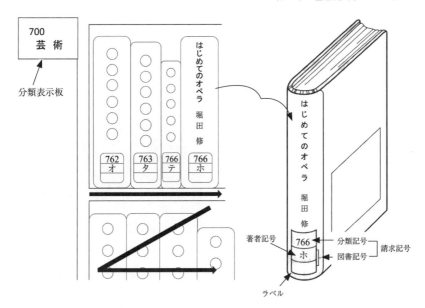

図2.3　本の配列

やアルファベット順、番号順で並べられています。

　2番目の段までが同じ本は、さらに3段目の記号の順で並べられています。

　この分類記号と図書記号をあわせて、請求記号といい、図書館の書架における位置を決める役割を担っています。

　本はこのように並んでいますから、書架から取り出した本は、間違いなく該当するラベルの位置に戻してください。もし、どこに返していいかわからなくなったら、受付カウンターか、返却用のワゴンあるいは返却用の専用棚に置いておきます。そうすれば、あとで図書館員が戻してくれます。

　請求記号のしくみや分類については、第6章で詳しく解説します（→p.78）。

(3) 雑誌コーナー

　雑誌コーナーとは、所蔵している雑誌の最近の号が並べられている
コーナーです。配架の順番は、和雑誌（日本語雑誌）と洋雑誌（外国語
雑誌）に分けたり、雑誌名の順番に並べたり、分野別に並べたり、その
種類と数によってさまざまです。

　もっとも新しい号だけを配架して
いる場合と、1年とか3年とか、あ
る一定の期間の雑誌を手に取れるよ
うになっている場合があります。い
ずれにしても、古い雑誌（バックナ
ンバー）は、製本されて製本雑誌書
架に配架されているか、閉架書架に

－福井市立桜木図書館－

配架されているかどちらかですから、図書館員に尋ねてください。

　図書館には、雑誌の所蔵目録が必ずあります。これを調べることによっ
て、どんな雑誌を所蔵しているかがわかります。雑誌や雑誌記事の調べ
方は第9章（→p.164, 166）で詳しく解説します。

(4) 新聞コーナー

　最近の新聞（当日、1週間、1カ月間程度）が見られるように、配置
されているのが、新聞コーナーです。全国紙だけでなく、図書館によっ
ては、地方紙や業界紙などが、フォルダに並べられています。古い新聞
は、そのまま別置されるか、縮刷版が出版される新聞については縮刷版
で保存されていますので、図書館員に尋ねてください。過去の新聞や新
聞記事の調べ方は第9章で詳しく解説します（→p.164, 169）。

(5) レファレンス・コーナー

　辞書や事典など、調べものをする際に役立つ資料を、レファレンス資
料と呼んでいます。参考図書、レファレンス・ブックともいいます。図
書館では、通常これらの資料をひとつの場所に集めて、調べものをする
コーナーを設けています。これをレファレンス・コーナーとか参考調査

室などと呼んでいます。

　比較的低い書架と、その場で調査できるよう、閲覧机が備えられています。ここに並べられているレファレンス資料は、調べるための本なので、通常借りることはできません。レファレンス資料は、本の背に一般の資料と異なる色のラベルや「R（Reference Bookの頭文字）」、「禁帯出」、「館内」などの印がついているので、区別することができます。

　レファレンス資料の種類と使い方については、第9章で詳しく解説します（→p.113）。

　図書館にはたくさんのレファレンス資料があるので、必要な情報を探しだすのは、なかなか骨が折れます。時には、その図書館に所蔵している資料だけでは調べがつかず、他の図書館の協力を得なければならない場合もあります。

　そこで、レファレンス・コーナーには、私たちの情報探索の手助けをするために、レファレンス・カウンターを設けている図書館もあります。

ここでは、調査専門の図書館員が、探している資料が見つからない、あることがらについて知りたいなど、情報に関するさまざまな相談にのります。これをレファレンス・サービスと呼んでいます。

　図書館でわからないことがあった

－福井市立図書館－

ら、何でもレファレンス・カウンターにいる、図書館員に気軽に相談してください。

　なお、市町村立図書館では、レファレンス・カウンターと受付カウンターを区別しないで、ひとつのカウンターで受け付けている図書館もあります。

　レファレンス・サービスの内容については第4章（→p.56）に、相談のしかたについては第5章（→p.64）に詳しく説明しています。

(6) 視聴覚資料コーナー

－福井市立みどり図書館－

　DVD、CDなど、視聴覚資料が置かれていて、これらを見たり聞いたりできるコーナーや部屋が、視聴覚資料コーナーです。

　視聴覚資料コーナーには、視聴覚資料とプレーヤーなどの設備が整っています。たいていは、その場で視聴することもできるし、借りることもできますが、コピーすることはできません。

(7) 児童書コーナー

　多くの公共図書館では、児童のための資料を配架したコーナーや部屋を設けています。

　子供たちが、自由に本を手に取って読んだり、母親に読んでもらったりできるように、大人の閲覧室とは別になっています。ここでは、書架も椅子も低く、利用案内や掲示も子供向けに作られています。

　定期的に、読み聞かせの会が開かれたり、紙芝居などのイベントが行われたりすることもあります。

－福井市立みどり図書館－

(8) 所蔵目録コーナー

　図書館に所蔵されている資料には何があって、それが図書館のどこにあるかを調べるコーナーです。

　図書館に所蔵されている資料は、すべて目録がとられています。これを所蔵目録とか蔵書目録といいます。この所蔵目録には、資料ごとにタイトル、著者名、出版者、発行年など、資料を識別できる情報（これを

書誌事項と呼びます）と、分類記号
などその資料内容を知るための情報
や、その資料が図書館のどこにある
か場所を示す請求記号が記述されて
います。したがって、この目録を利
用することによって、図書館に所蔵
されているすべての資料を網羅的に
調べ、どこに行けば手に入るのかを
知ることができます。

－福井市立桜木図書館－

　この所蔵目録は、現在OPAC（オンライン所蔵目録：Online Public
Access Catalog）と呼ばれ、インターネット上に公開され、図書館外か
らでも検索できるようになっています。OPACで検索すれば、来館する
前に、あらかじめ所蔵の有無や貸出の状況を確認することができますし、
予約できる図書館もあります。

　古い資料や特殊資料などの目録は、従来のカードに記述され、五十音
順やアルファベット順に配列されて、カードケースに収められているか
もしれません。これをカード目録といいます。なかには冊子体になって
いる場合もあります。「○○図書館所蔵目録」などと名づけられています。

　いずれにしても、図書館にある資料のほとんどは、このOPACで調べ
ることができます。ですから、利用者にとっては、直接書架で資料を探
すだけでなく、このOPACを使いこなし、効率良く資料を探すことが図
書館利用のポイントとなります。

　そこで、OPACの使い方については、第6章で詳しく説明します
（→p.70）。

(9) 情報検索コーナー

　コンピュータを使って、情報を整理・蓄積し、多面的な検索をできる
ようにしたシステムをデータベースといいます。データベースは、新聞
記事、雑誌記事、法律、企業情報、人物情報、科学技術、教育など幅広
い分野や種類にわたっていて、そのほとんどはインターネット上に公開

－福井市立桜木図書館－

されています。

　図書館では、無料のデータベース
を利用できたり、一般に販売してい
る商用データベースと契約し、利用
者に提供している場合もあります。

　このようなデータベースやイン
ターネット情報を検索し、利用でき
るコーナーが情報検索コーナーで
す。ここには、パソコン、プリンターなどの機器や必要なマニュアル類
が備えられています。

　図書館で利用できるデータベースは、通常ホームページや利用案内で
知ることができます。情報検索の方法については、第10章で説明しま
す（→p.175）。

(10) 閲覧室

　図書館には、閲覧机と椅子が配置
されています。図書館で調べものを
したり、図書館の資料を読むための
施設です。パソコンを持ち込んで作
業できる閲覧室も増えてきました。
個室になっていたり、書架の間に配
置されていたり、図書館によって、
さまざまな工夫がされています。

－福井市立みどり図書館－

(11) 研究室・学習室

　グループで研究や学習をするための部屋を設置している図書館もあり
ます。図書館には、いろいろな情報がありますし、これを見たり聞いた
りする設備も整っているので、グループで研究する場合にもとても便利
です。図書館の資料を使って、グループで討論し研究を進めるために、
一般の閲覧室とは別にしてあります。

　特に大学図書館では、自主的な学習を支援するために、ラーニング・コモンズと称する学習の場を提供するようになってきました。

（12）複写コーナー

　図書館に所蔵している資料を複写できるよう、複写機器が設置されています。ただし、複写は著作権法による条件のもとで可能です。複写サービスについては、第4章で述べます（→p.59）。

（13）展示コーナー

　時事問題や社会的な話題などのテーマを設定して、そのテーマに関する資料を集めて展示するコーナーを設けている図書館もあります。

（14）その他

　このほかにも録音図書や点字図書、大活字本のコーナーや、日本語以外の外国語資料のコーナー、青少年向けの図書を配架したヤングアダルト・コーナーがある図書館もあります。また、視聴覚障害者のための対面朗読室や、録音図書作成室もあります。マイクロ資料を所蔵している図書館では、これを拡大し読むことができるマイクロ資料リーダーを備えていたりします。

　このように、図書館には、さまざまな書架やコーナーが配置されています。ここでは、一般的な図書館について解説しましたが、図書館によって特色のある資料や設備を持っています。
　あなたが利用する図書館では、どのようになっているか、利用案内を見ながら歩いてみてください。

第3章　図書館には何があるか

（1）図書館の3大資源

　図書館には、三つの大きな資源があります。それは、「図書館員」、図書や雑誌・新聞などの「資料」、そして所蔵目録や事典など「情報を探すための道具」です。この3つの資源を有効に活用することによって、あなたは効果的に図書館を利用することができます（図3.1参照）。「資料」や「情報を探すための道具」には紙媒体だけでなく、インターネット情報や電子書籍などのデジタル媒体も含みます。

　図書や雑誌・新聞などのオリジナルの資料を特に一次資料といいます。それに対して、その一次資料を探すための道具を二次資料といいます。二次資料は、一次資料を探し出すために作成された道具です。

　図書館にいくと、普通は、まず書架で直接欲しい図書や雑誌（一次資料）を探します。それもひとつの情報の探し方ですが、その方法でうまく見つからなかったときには、情報を探すための道具である所蔵目録や事典などの二次資料が力を発揮し、情報専門家である図書館員があなた

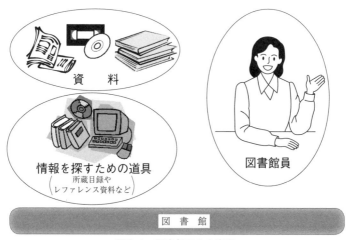

図3.1　図書館の3大資源

を助けてくれます。

（2）図書館員とは

　図書館員とは、図書館情報学（→p.12注）を学び、その分野の情報に詳しい情報の専門家です。司書ともいいます。

　あなたからみると、図書館では、カウンターや書架に、ごく少数の人が働いているだけのように見えるかも知れません。しかし、図書館員は、あなたの見えないところで、図書館のさまざまな業務をおこなっています。

　図書館員は、利用者に的確で迅速な情報サービスができるように、情報源の探索、情報の収集、評価、整理、提供サービス業務を行い、図書館の管理・運営を図っています（図3.2参照）。

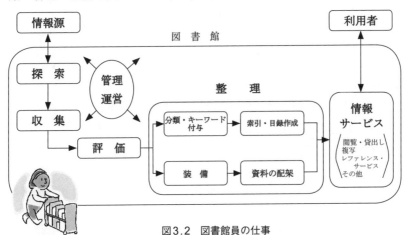

図3.2　図書館員の仕事

a. 情報源の探索

　最近は、たくさんの情報が、いたるところで生産され、インターネットも含めてさまざまな流通経路をたどって頒布されるようになってきています。図書館が、情報をもれなく収集するためには、必要な情報がどこから生産され、どこにアクセスすれば手に入るかを、常に注意し、そのルートを確保しておかなければなりません。そのためには、対象とす

る分野領域の情報流通の動向を常に見張るとともに、利用者がどのような情報を必要としているかをさぐる必要があります。

b. 情報の収集

　通常の販売ルートにのるものは、これを通じて入手できますが、非売品で、限られた人にしか手に入らない情報については、図書館で交換できる資料を作成して、これと交換するようにしたり、直接担当者に依頼したりして入手するなど、きめの細かい業務が必要とされます。

　図書館で収集した資料は、すべてチェックされます。特に雑誌などの定期刊行物は、欠けることなく、また遅れることなく入ってきているかを調べ、利用に支障をきたさないよう配慮します。

c. 情報の評価

　入手した資料は、どういう内容でどのように利用されるか、情報の評価をし、必要な情報を選択します。

d. 情報の整理

　評価・選択した資料は、図書館で採用している分類記号やキーワードなどを付けて整理します。資料や文献を読み、内容を把握して、利用者の探索にあうように、分類表にしたがって分類したり、キーワードを付与する作業は、索引作業と呼ばれます。この作業に使用する、分類表やキーワード集も時代と共に変遷しますから、これらの維持管理も重要な仕事です。

　さらに、それぞれの資料のタイトルや著者名などを目録にとります。これは、一定のルールにしたがって記述することになっていて、誰もが統一された記述のもとで、探すことができるように整えられています。

　整理された冊子体の資料は、カバーをしたり、背表紙にラベルをつけたり、蔵書印を押したりして、図書館の蔵書として整えられ、書架に配架されて私たちの手にわたります。

e.　情報サービス

　図書館員は、こうして整えられた情報や資料を貸出や閲覧、複写などで提供するとともに、利用者の質問に直接回答するサービスも行っています。

　これは、レファレンス・サービスと呼ばれる、利用者の情報探索の手伝いをするサービスです。利用者が、図書館で求める情報が見つからない場合には、図書館員が適切なアドバイスをします。

　そのほか、図書館員は、その図書館独自のデータベースを作成したり、図書館だよりを発行したり、セミナーやイベントを開催したり、これらをホームページに掲載するなど、各図書館の利用者に応じて、さまざまなサービスを企画し行っています。

　図書館が行うサービスについては、第4章を読んでください（→p.54）。

f.　図書館の運営とネットワークの整備

　図書館の機能を充分発揮させるには、図書館の資料、資金、人、設備などの資源を上手にコントロールし、管理運営をはかっていくことが必要です。

　また、ひとつの図書館では、集められる資料にも限界がありますし、分野も限られます。そこで、地域や業種間の図書館同士、あるいは館種や業種を越えた他の情報機関同士のネットワークを組むことが重要になります。

　図書館員は、このような、図書館内外の管理運営に携わり、広い視野で図書館利用者への情報サービスを行っているのです。

（3）図書館にはどんな資料があるか

　図書館によって、さまざまな異なる資料を収集、蓄積しています。ここでは、図書館で収集される代表的な一次資料について、その種類と特徴を説明します（図3.3参照）。これらの資料の媒体は、従来の紙媒体だけではありません。マイクロ資料や、DVD、電子新聞、電子書籍、データベースなど、インターネットを介して提供される電子媒体の資料も含まれます。

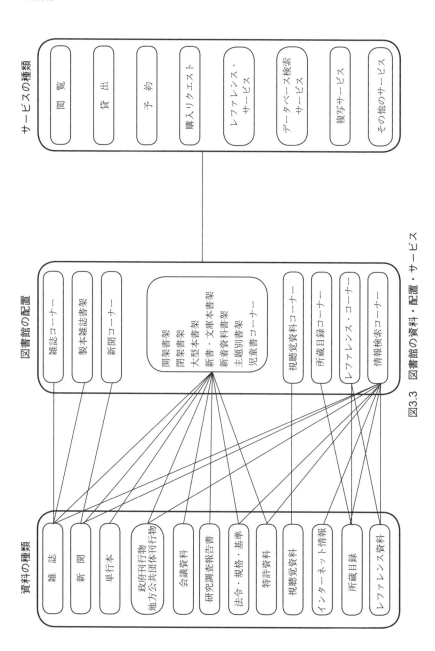

図3.3 図書館の資料・配置・サービス

a．雑誌

　同じ誌名で、定期的に刊行され、順番に番号がふられていて、1冊の中に複数の記事や論文などが編集されている資料を、一般的に雑誌と呼んでいます。雑誌は、週刊、月刊、季刊、年刊など、刊行頻度が決められていますので、定期刊行物とも呼ばれます。

　雑誌には、書店で一般に購入することができる商業雑誌、学協会などから刊行され、学術研究成果の発表の場となっている学術雑誌などがあります。いずれもその分野の最新の記事、論文、ニュースなどが掲載され、新しい情報を得るためには必須の情報源です。

　最近、特に学術雑誌では、インターネットを経由した電子媒体の雑誌が増えてきました。これを電子ジャーナルと呼んでいます。また、大学や研究機関のサイトに、所属する研究者の研究論文を一般に公開する、機関リポジトリという方法も取られるようになりました。

　最新の巻号の雑誌は、入手するのは容易ですが、過去の雑誌（バックナンバー）は出版社を通じてもなかなか手に入らないので、図書館に蓄積されている雑誌が利用されます。

　雑誌の発行点数は、現在日本だけで約2,800タイトル[注1] あります。あなたの興味のある分野に限ってもかなりの数になることでしょう。それらを、個人が定期的に目を通すのはなかなかたいへんですし、思いもかけない雑誌に必要な記事が出ていたりすることがあります。

　そこで、雑誌の誌名からではなく、雑誌に掲載されたそれぞれの記事、論文の単位で探す方法があります。

　雑誌によっては、巻末（12月号など）に総目次や事項別総索引が付与される場合があるので、これを利用するのもひとつの方法です。

　もうひとつは、雑誌記事索引を調べる方法です。雑誌記事索引は、さまざまな雑誌の記事ひとつひとつを、キーワードなどから探せるよう編集され、多くはデータベースで提供されていています。これらを調べることによって、雑誌の価値はぐっと高められます。雑誌記事索引については第9章（→p.166）で詳しく解説しています。

b. 新聞

　新聞も雑誌と同様に定期刊行物のひとつです。朝日、読売、毎日といった全国紙だけではなく、専門紙、業界紙、地方紙などの種類があり、毎日たくさんの国際、政治、産業、社会、文化、地域、専門分野のニュースや話題を提供してくれています。ネットでニュースを見る人も増えていますが、紙の新聞には一覧性という特徴があります。

　新聞に目を通したあとは、たいていはそのまま新聞紙となってしまうのが普通です。しかし、あとからある特定のことがらについての記事を探したり、あるいは最近のことがらについての情報を探したい場合があります。このような場合は、新聞の記事ひとつひとつについて探すことができる新聞記事索引や、新聞記事データベースを利用するのが便利です。新聞記事の探しかたは、第9章（→p.169）を参考にしてください。

c. 単行本

　最も良く知られた図書館の資料です。文芸書や実用書、専門書など、あらゆる分野の単行本が刊行されています。わが国では、毎年約72,000点の新刊書が出版されています[注2]。

　単行本は出版までに時間がかかりますので、ごく最新のことがらを知りたいとか、速く簡潔に事実だけを知りたい場合には適していません。しかし、特定のテーマについての知識を総合的、体系的に得るためには重要な資料です。

d. 政府刊行物、地方公共団体刊行物

　政府刊行物とは、国の政治、経済、社会の実情を国民に知らせるために、政府から発行される資料で、代表的な資料としては白書や統計、『官報』、委員会や審議会などの報告書や答申、議事録などがあげられます。白書とは、各省庁から刊行される各施策の実施状況の年次報告書です。『官報』は、法律や政令の交付などの報告を国民に知らせる、国の日刊誌です。地方公共団体でも同様に、その地方自治の政治、経済、社会の実態を住民に知らせるために、各種の行政資料を発行しています。

　これらの刊行物は、各省庁や地方公共団体のホームページからもアクセスできます。けれども全ての刊行物がわかりやすく公開されているわけではないので、冊子体もよく利用されます。

　地方公共団体の刊行物については、その地域の公共図書館で収集しています。

e.　会議資料

　学術分野では、最新の研究成果が発表される場は、学会や研究会などです。国内だけでなく、国際的にも数多くの学会や研究会が開催されています。これらの学会で発表される論文をまとめた資料を、会議資料と呼びます。会議資料は、探しにくい資料のひとつで、図書館によって取

図3.4　会議資料・研究調査報告書例

扱いかたが異なります（図3.4参照）。

f. 研究調査報告書

　研究調査報告書とは、研究機関や大学、学協会などで作成される、研究報告書、調査資料、技術資料などをさし、1論文1冊でまとめられています。これらの中には、たいへん資料価値の高い研究報告書も多く、貴重な情報源です。インターネット上に公開されるものもありますが、公開されない報告書も数多くあり、収集しにくい資料のひとつです（図3.4参照）。

　研究調査報告書は、不定期に発行されるものが多く、特定の分野のデータベースを利用することによって調べるのが一般的です。

g. 法令・規格・基準

　私たちが生活や仕事をしていくには、あらゆる場面で法令や規格、基準などが関わります。法令、規格、基準類は、図書館でもよく利用される資料のひとつです。国内だけではなく、国際的な法律や規格、基準も利用されます。現在施行されている日本の法令は総務省の「e-Gov法令検索」でも検索できます[注3]。

　規格にも、国連など各国間で定めた国際規格、国で定めた国家規格、業界団体などが定めた団体規格などさまざまな種類があります。規格を調べるには、専門図書館日本規格協会ライブラリー[注4]があります。

h. 特許資料

　特許とは、人間の発明を人類共通の財産として尊重し、これを行った人の財産を守るための制度です。特許は、登録制度をとっていて、だれかが先に同じ発明を行っていると、あとからは登録できないことになっています。発明には、多くの人とお金がかかりますから、あらかじめ同種の特許が登録されていないかどうかを調べることが重要になります。

　特許が出願されると、「公開特許公報」によりその内容が公開され、査定を経て登録されると「特許公報」と呼ばれる資料に記載されます。

特許権取得のために特許庁に提出した特許明細書などの書類を、特許資料と呼んでいます。特許資料は、特許情報プラットフォーム「J-PlatPat」で調べることができます。[注5]

i.　視聴覚資料

　視聴覚資料とは、DVD、ビデオテープ、CD、カセットテープ、写真など、さまざまなメディアによる視覚および聴覚資料をさします。視聴覚資料は、どこの図書館でも良く利用され、人気のある資料のひとつになっています。

j.　インターネット情報

　一般的にインターネット情報というと、インターネットを介して利用可能な情報をさし、電子メールやSNSなど個人的あるいは匿名の情報も含まれます。インターネット情報は、図書館が直接所蔵する情報ではありませんが、情報検索コーナーのインターネットにつながっているパソコンで閲覧することができます。

　図書館が利用者にインターネット情報を使って、情報提供をする場合には、著者名のある責任の所在が明確な、信頼性のあるインターネット情報を中心に取り扱います。

　膨大なネット上の情報の中から、有用で信頼性のある情報源や情報を、図書館員が選択して、図書館のホームページからリンクを張り、紹介することも盛んに行われています。

　このほかにも、パンフレット、カタログ、図面、地図、学位論文、楽譜、コンピュータソフトなど、図書館によってさまざまな資料があります。

(4) 情報を探すための便利な道具

　以上のように、図書館には、図書、雑誌、新聞、DVD、インターネット情報など、たくさんの種類の資料があります。資料が蓄積されればされるほど、どんな内容の資料があるのか、その資料はどこに行けば手に入るかといった、求める情報を探す道具―二次資料が必要となります。

　三つめの図書館の資源とは、この二次資料をいいます。

　その代表的なものは、図書館のオンライン所蔵目録（OPAC）です。OPACは、図書館に所蔵している資料のすべてを記録し、著者名、資料のタイトル、キーワードなどから必要な資料を探しだし、図書館のどこの場所にいけば手に入るかを教えてくれるものです。いきあたりばったりに、書架を探しても見つからない資料が、このOPACをひくことによって、網羅的に効率良く探すことができます。

　もうひとつの情報を探すための便利な道具に、レファレンス資料があります。レファレンス資料とは、辞書、事典、地図、図鑑、ハンドブックなど、あることがらを調べるための資料をいいます。小説や雑誌のように通読するのではなく、何かを調べるための本といってよいでしょう。レファレンス資料は、図書館のレファレンス・コーナーにまとめて置かれています。

　OPACとレファレンス資料は、図書館で情報を探すためにたいへん便利な道具です。この2つの道具を使いこなせば、図書館をこれまで以上に情報の宝庫として利用できます。

　そこで、これらの内容や使い方については、第6章（→p.70）第9章（→p.113）で詳しく紹介します。

注1）出版指標年報　2019版．全国出版協会出版科学研究所，2019, p.6.

注2）出版指標年報　2019版．全国出版協会出版科学研究所，2019, p.6.

注3）総務省行政管理局が運営する総合的な行政情報ポータルサイト「e-Gov電子政府の総合窓口」の中に、現行施行されている法令（憲法、法律、政令、省令など）を検索できる「e-Gov法令検索」（https://elaws.e-gov.go.jp/search/elawsSearch/elaws_search/lsg0100/）があります。

注4) 日本規格協会ライブラリー（東京都港区三田3-13-12　三田MTビル 1 階　03-4231-8550）では、無料で国内外の規格を閲覧できます。

注5)「J-PlatPat」（https://www.j-platpat.inpit.go.jp/）は、工業所有権情報・研修館が提供する特許情報プラットフォームで、特許、実用新案、意匠、商標の情報を無料で検索・閲覧することができます。

第4章　どんなサービスを受けられるのか

　図書館では、利用者に対し、さまざまな情報サービスをおこなっています（図3.3参照→p.46）。サービスの種類や内容は、それぞれの図書館の設立目的や方針、利用対象者、所蔵資料などによって異なります。本章では、一般的な図書館のサービスについて述べます。詳しくは、あなたの図書館で尋ねてください。

（1）閲覧

　図書館の所蔵資料は、原則としてすべて閲覧することができます。

　開架書架の資料は、いつでも自由に手に取って読むことができます。閉架書架の資料は、通常受付カウンターに請求しなければなりませんが、同様に自由に閲覧することができます。

　閲覧した資料を返却する場合は、背表紙のラベルの請求記号にしたがって、もとの位置に必ず戻してください。もし、間違えて戻すと、次の人が探せなくなってしまいます。本の配列については、第2章で述べています（→p.34）。

（2）貸出

　図書館の所蔵資料のほとんどは、CDやDVDなどあらゆるメディアを含め貸出しています。ただし、辞書や事典、目録などのレファレンス資料や、最新号の雑誌、貴重な資料などは通常借りることはできません。図書館によっては、図書館が閉館する時間から開館する時間までならば、こうした貸出できない資料でも貸してくれる場合もありますから、聞いてみるとよいでしょう。

　また、欲しい資料が図書館にない場合には、ネットワークを組んでいるほかの図書館を調べ、そこにあれば図書館を通じて貸してくれる場合もあります。

　資料を借りるには、公共図書館では、運転免許証や健康保険証を提示し、申込書に名前や住所、所属などを記入して、一定期間有効な利用カードを作ってもらいます。大学図書館では、学生証の提示を求められます。専門図書館では、所属の身分証明証や、運転免許証などの提示を求められることがあります。

　利用カードを作ったら、借りたい資料を受付カウンターに持ってきてください。

　貸出期間や貸出可能な冊数は、図書館によってまちまちですから、それぞれの利用規則にしたがいます。図書館では、多くの人々にサービスしていますから、返却期限に遅れないようにしましょう。返却期限に遅れた場合は、図書館から催促がきます。返却期限を守らない場合には、罰則を設けている図書館もありますから気をつけてください。

　万が一借りた資料を紛失したり、破損したりした場合は、弁償しなければならないことがあります。もう絶版になっている資料や、手に入らない資料もありますから、くれぐれも気をつけてください。また、借りた資料は、丁寧に扱い、書き込みや線を引いたりしないようにしてください。

　返却は、必ず返却カウンターに戻してください。書架への配架は係員がします。公共図書館では、閉館時間に資料を返しに来た利用者のために、返却ポストを玄関に設置しています。閉館時間に資料を返しに来たら、このポストに資料を入れておいてください（図4.1参照）。

　なお、図書館ではプライバシー保護のため、誰が、どのような資料を借りたかという情報は公表することはありません。

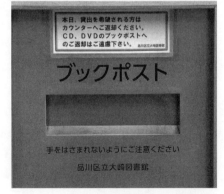

—東京都品川区立大崎図書館—

図4.1　返却ポスト

（3）予約・購入リクエスト

　入手したい資料がすでに誰かに貸し出されていたり、支部図書館に所蔵されている場合には、予約することができます。図書館のカウンターで申し込むこともできますが、図書館のホームページから、利用カード番号やパスワードを入力すると、資料を予約できる図書館が多くなりました。予約した資料が届いたら、図書館からあなたに電話やメールで連絡が入りますから、利用カードを持って図書館に出かけてください。

　図書館には、予算の範囲内で、それぞれの収集方針のもとに、さまざまな資料が集められていますが、なかには、あなたが欲しい資料が図書館にない場合があります。図書館は自館だけでなく、ほかの図書館を通じて資料を提供できますし、ほかの所蔵している図書館を紹介することによって、利用者の要求に応えるようにしています。

　しかし、図書館の目的にあった、利用者が求める資料ならば、あなたのリクエストに応じて購入することもあります。図書館で把握しきれていない情報があったら、積極的にリクエストして、資料を収集してもらうようにしてください。

（4）レファレンス・サービス

　図書館で情報を探していて、うまくみつからなかったら、レファレンス・サービスを利用してください。レファレンス・サービスとは、情報を求める利用者に対して、より速く、より適切な情報が得られるように、図書館員が直接手助けをしてくれるサービスです。図書館によっては、相談サービス、参考調査などともいいます。

　レファレンス・サービスは、利用者にとって、必要とする情報を得るための最良の寄りどころです。ですから、困った時は、カウンターに座っている図書館員や書架にいる図書館員に、遠慮しないで、恥ずかしがらずに、何でも相談してください。図書館員は、図書館にある資料と機能を駆使し、他の情報機関の協力も得て、情報探索の積極的な手助けをしてくれます。

　レファレンス・サービスは、通常口頭だけでなく、電話や手紙、FAX、最近は電子メールでも答えてくれます。

　では、レファレンス・サービスでは、具体的にどのような質問に答えてくれるのでしょうか。

a. 図書館の利用方法に関する質問

　「本は何冊借りられるのか」「1ヶ月前の新聞はどこにあるか」「パソコンの使い方がわからない」、こんな図書館のサービス内容、資料の置いてある場所、機器や施設の使い方、OPACの検索のしかたなど、図書館の利用方法全般については、もちろん答えてくれます。

b. タイトルや著者名がわかっている資料に関する質問

　「『台所のマリアさま』という本をOPACで検索したけれども、出てこない。図書館にはないのか」

　「『日本機械学会誌』のバックナンバーはどこにあるか」

　「松本清張の『光悦』という本を探しているが、書架に見つからない」

　このようにタイトルや著者名があらかじめわかっていて、その資料が図書館にあるかどうか、図書館にないならばどこが所蔵していて、どうしたらそれを利用できるかなど、求めている情報や資料の所在調査や他機関への紹介もしてくれます。

c. あるテーマの資料や文献に関する質問

　はっきりと書名や著者名がわかっていなくても、調べられます。

　「布ぞうりの作り方についての本が欲しい」

　「圧力鍋を使った料理の本を探している」

　「ロシアのバイオリニスト、ワディム・レーピンについての資料が欲しい」

　「1965年頃に田無市と保谷市の合併問題が新聞で報道されたらしい。その記事を知りたい」

　「"NFPA45"というアメリカの規格があるらしい。これは何というタ

イトルの規格なのか、どうすれば手に入るのか」

　このようなある特定のテーマに関する資料や文献に関する質問、さらにそれらがどこにあるかといった質問も受け付けます。

d.　ことがら、データ、人・機関などに関する質問

　資料だけでなく、探していることがらや、現在解決しなければならない問題についての質問も、直接受け付けます。

　「カレーライス屋を始めたいのだが、どんなことからはじめたらいいのか」

　「キツネの骨格がみたい、できればフェネックギツネのもの」

　「市の特別養護老人ホームの待機利用者数を知りたい」

　「わが国が輸入している食糧の輸入金額を調べたい」

　「年金問題について話をしてくれる講師を探している」

　「俳人長谷川素逝の句に“たんぽぽやいま江南にいくさやも”というのがあるが、江南とはどこなのか調べている」

　といったように、自分ではなかなか調べられない内容でも、図書館員は、データベースやインターネット情報なども駆使して、いろいろな問い合わせに答えます。

　もちろんすべてに完全な回答ができるわけではありませんが、レファレンス資料と図書館間のネットワークを使って、図書館員は実にさまざまな相談に応じてくれます。

　ちなみに、国立国会図書館のホームページに、「レファレンス協同データベース」というページがあり、その中に全国の図書館が行なった「レファレンス事例」を見ることができます[注1]。これを見ると、実にさまざまなレファレンスを行っていることがわかります。

　ただし、学校の宿題や大学の卒論などの文献収集には、アドバイスはしますが、直接の回答はしません。また、医療・健康相談、法律相談などにも回答しません。

　効果的なレファレンス・サービスを受けるためには、適切な相談のし

かたが要求されます。図書館員への相談のしかたについては、第5章を
読んでください（→p.64）。

(5) データベース検索サービス

インターネットに公開されているデータベースには、誰でもがアクセス
できる無料のものと、有用ではあるけれども個人では高価な有料のも
のがあります。図書館では、こうした有料の商用データベースと契約し、
利用者に提供しています。図書館によって、利用できるデータベースの
種類は異なりますので、ホームページで確認してみてください。

データベースは、それぞれ操作方法が異なりますし、初めてだと戸惑
うことも多いものです。そのため、図書館ではデータベースの利用講習
会を開催しています。また、操作についてわからなかったら、図書館員
に尋ねてください。

検索のしかたについては、第10章で解説しています（→p.175）。

(6) 複写サービス

ほとんどの図書館では、実費を払えば、所蔵資料の複写ができます。
ただし、DVDやCDなどの視聴覚資料はできません。

図書館における複写は、一定の条件の範囲内で行うように、著作権法
第31条の1[注2] で定められています。図書館における資料の複写は、調
査研究のために、資料の一部分を1部だけ複写することができます。雑
誌については、掲載されている個々の論文記事を1部だけ複写できます。
ただし、雑誌の最新の巻号は、複写することはできません。図書館にお
いては、これらの規則を守って、複写サービスを受けてください。

また、あなたの図書館にない資料でも、相互協力関係にある他の図書
館に複写を依頼して取り寄せることもできます。

（7）ホームページ上での情報提供

　図書館のホームページには、利用案内やOPACなどはもちろんですが、図書館のイベントやニュース、新着資料案内、さらには、情報の調べ方案内を掲載したり、SNSを活用した情報発信もされるようになりました。情報の調べ方案内とは、あるテーマに関する資料や情報の探し方を簡単にまとめたもので、自分で調べものをするときの参考になります（図4.2参照）。パスファインダーともいいます。

　所蔵資料をデジタル化してネットで公開している図書館もあります。これをデジタルアーカイブといいます。「国立国会図書館デジタルコレクション」[注3] はその代表的なもので、所蔵資料をデジタル化し、その資料を検索・閲覧できるサービスです。

　図書館に出かける前に、是非図書館のホームページを見てみることをお勧めします。図書館のホームページを見ながら、あなたの図書館のサービスを最大限活用してください。

調査ガイド 日本史を調べる_はじめの一歩

　　　　　　　　　　　　　　　　　　　　　　　　🖨 印刷用ページを表示する　掲載日：2019年3月16日更新
　　　　　　　　　　　　大阪府立中央図書館調査ガイド　12　2019年3月 »_[PDFファイル／361KB]

日本史に関する本や文献は非常にたくさんあります。また調査に必要な歴史史料も、現在続々と刊行されています。日本史を調べるには、これらの資料を駆使する必要があります。

【調査ガイド 日本史を調べる_はじめの一歩 目次】

1. まずは辞書から（辞典・事典について）
2. 大阪府立図書館が所蔵する日本史の本の検索
3. 雑誌記事を調べる
4. 一次史料を調べる
5. インターネットで探す一次史料
6. 大阪について調べる便利なデータベース

1. まずは辞書から（辞典・事典について）

　全体像をつかむには、辞書が大変便利です。まず全体像をつかみましょう。
　辞書での調査の際には、まず、本文を読んで内容をつかむとともに、使われているキーワードにも注目しましょう。ここで得たキーワードは、後の資料の検索に際しておおいに役立つはずです。
　また、「をも見よ参照」といって関連する別の項目も当たるとよいでしょう。
　参考文献や引用文献が明記されている辞書の場合は、さらにその文献にあたることで調査の次のステップに進むことができます。
【　】は当館資料の請求記号です。

| 《歴史》

■ 『国史大辞典』　全15巻17冊　〔吉川弘文館　1979-1997〕【210/176】【210.03/3N】
日本歴史全領域を網羅し、さらに考古学、人類学、民俗学、国語学、国文学等の隣接分野にもおよぶ42,000点の項目を50音順に配列した歴史辞典。参考文献が明記されていますので、調査の次のステップへ活かせます。

図4.2　情報の調べ方案内　　　　　　　　—大阪府立中央図書館—

（8）公共図書館におけるサービス

　図書館におけるサービスは、館種にかかわらず、利用者に情報や資料の提供をするということで、基本的に同じです。しかし、館種によって利用対象者が異なるので、サービスの方法や内容も多少変わってきます。

　特に公共図書館では、0歳児から高齢者まで幅広い年齢層の、さまざまな市民の情報要求に応えるために、それぞれの地域環境に合わせて、実に多様なサービスを展開しています。

　多くの公共図書館で行われているサービスとしては、子どもや親子を対象として、読み聞かせや本の紹介（ストーリーテリングやブックトークなどといいます）、子供会、映画会、演奏会などのイベント・集会があげられます。

　図書館に来館したり、市販の資料をそのまま利用することが困難であるなど、図書館利用に障害のある人々に対しては、大活字本や録音図書、点字図書の収集や提供をはじめとして、対面朗読、点訳、拡大写本など媒体を変換したり、資料を自宅に宅配するなどのサービスを行っています。

　学校図書館に図書館員を派遣して、図書館活動を推進するために連携を図ることも行われています。地域の学校図書館や幼稚園、高齢者施設、病院、公民館などの施設に、資料の団体貸出を行ったり、各所に本を積んだ自動車を巡回させ、貸出を行っているところもあります。

　また、最近では地域の在日外国人が増加してきましたので、英語や中国語、ハングル、スペイン語などの外国語資料を収集し提供する多文化サービスも始まっています。

　そのほか、起業や経営に関する情報を提供するビジネス支援サービスや、健康や医療に関する情報を集めたコーナー、法律情報のコーナーを作るなど、テーマや用途に絞ったサービスも行われています。

　電子書籍の収集や貸出、館内にパソコンを持ち込み、Wi-Fiを利用できるなど、ネット環境に対応した図書館も出てきました。

　また、特に都道府県立図書館では、図書館利用案内やパソコンの使い

方、データベース検索法、法律情報の調べ方などの講習会や、特定のテーマで講演会などのイベントが行われ、市民の情報リテラシーの向上に役立っています。

このように、公共図書館はそれぞれの地域住民に対応した、多様なサービスを展開しています。こうした公共図書館のサービスには、地域の住民のボランティア活動や協力が欠かせません。

(9) 大学図書館におけるサービス

大学図書館では、学生の自主的な学習を支援するために、情報リテラシー教育を積極的に進めています。

新入生に向けた図書館利用ガイダンスをはじめとして、図書・雑誌記事・新聞の探し方やデータベース検索法、レポート・論文作成法、法律・経営情報の探し方など、情報の種類や分野ごとに、さまざまな講習会が開催されています。あなたが大学生ならば、ぜひこうした情報リテラシーのための講習会に参加してみることを勧めます。

最近は、インターネット情報と従来の図書館資料を融合し、自主的な学習をサポートするラーニング・コモンズを設置する大学図書館も増えてきました。ホームページには、電子ジャーナル、調べ方案内（パスファインダーという）、論文の書き方などを掲載し、ネット上のサービスも充実してきています。

注1) 国立国会図書館ホームページの中の「レファレンス協同データベース」（https://crd.ndl.go.jp/reference/）は、全国の図書館が行なったレファレンス・サービスの記録や調べ方などをデータベース化し、公開しています。この中の「レファレンス事例」では、キーワードや図書館名などから検索し、レファレンスの質問とその解答に至ったプロセスや資料の記録を見ることができます。

注2) 著作権法（図書館等における複製）の一部分
第31条 国立国会図書館及び図書、記録その他の資料を公衆の利用に供することを目的とする図書館その他の施設で政令で定めるもの（以下この項及び第三項において「図書館等」という。）においては、次に掲げる場合には、その営利を目的としない事業として、図書館等の図書、記録その他の資料（以下この条

において「図書館資料」という。）を用いて著作物を複製することができる。
　一　図書館等の利用者の求めに応じ、その調査研究の用に供するために、公表された著作物の一部分（発行後相当期間を経過した定期刊行物に掲載された個々の著作物にあつては、その全部。第三項において同じ。）の複製物を一人につき一部提供する場合
注3）「国立国会図書館デジタルコレクション」（http://dl.ndl.go.jp/）は、ウェブサイトやDVD等のパッケージソフトを除いて、国立国会図書館が収集・保存しているデジタル資料（図書、雑誌、古典籍など）を検索、閲覧できるサービスです。ただし、著作権の状況によって、公開の範囲がインターネットによる一般公開と、図書館向けの送信サービス、国立国会図書館内限定に分かれています。

活用編

　活用編では、実際に、図書館で情報を探す効果的な方法についてやさしくお話しします。これをマスターすれば、あなたは図書館を自在に活用することができると思います。

　もし、どうしても探している情報がみつからない場合は、遠慮なく図書館員に聞いてください。

第5章　図書館員への相談

（1）図書館員を探せ

　図書館で、最も頼りになる人は、図書館員です。

　図書館員は、利用者と情報源との間で仲介の役割を果たす情報の専門家です。ですから、探している情報が見つからなかったり、手がかりがつかめない場合には、あきらめないで、必ず図書館員に相談してください。きっと満足な回答が得られると思います。

　そこで、皆さんが図書館に入ったら、まず図書館員を探してください。図書館員は、受付カウンターやレファレンス・カウンター、書架の中にいます。

　図書館員が行う、このような利用者への情報探索サービスをレファレンス・サービスといいます。レファレンス・サービスの具体的な内容については、第4章で述べています（→p.56）。レファレンス・サービスは、通常口頭だけでなく、電話や手紙、FAX、最近ではメールでも受け付けています。

　利用者の問い合わせに応えるのが、図書館員の仕事であり、サービスを

受けることは、利用者の権利ですから、遠慮したり、恥ずかしがったりしないで、図書館員を信頼して相談してください。利用者にとって、図書館員をいかにうまく利用できるかが、図書館活用のポイントなのです。

　もし、あなたが質問をしても、無愛想で、不親切で、満足に聞いてくれないならば、残念ながらその図書館は優れた図書館とは言えないでしょう。図書館をよくするのは利用者です。そういう場合は、遠慮なく投書して、図書館の向上のために協力してください。

（2）相談をする前に

　図書館員がいくら優れた専門家でも、利用者がじょうずに相談をしないと、適切な回答が得られません。うまく質問をしなかったために、図書館員に質問の内容が正確に伝わらず、図書館にある情報や機能を充分利用できなかった利用者はたくさんいます。

　そこで、図書館員へ相談をする前に、つぎのような点を明確にしてください。

a. 何を知りたいのか

　　○　あなたがそのことを知りたいのですか。誰がその情報を欲しがっているのですか。

　　○　何について知りたいのですか。

　　○　そのことをどのような観点から調べたいのですか。たとえば、あなたがビールについて知りたいとすると、ビールの何について知りたいのですか。業界のシェアを知りたいのですか、歴史を知りたいのですか、工場の製造工程を知りたいのですか、それともおいしいお店を探しているのですか。

　　○　どの地域で、いつのことについて調べたいのですか。日本におけるビールのシェアですか、アメリカのシェアですか。最新年のデータを知りたいのですか、ここ10年の移り変わりを知りたいのですか、1960年代のことですか。

つまり、漠然と「ビールについて知りたい」と言うのではなくて、「日本のビールの業界シェアの過去5年の移り変わりを知りたい」と尋ねて欲しいのです。

b. いつまでに情報を欲しいか
　○　いつまでに回答が欲しいのですか。5分後ですか、1時間後ですか、今日中ですか、1週間後ですか、それとも常に最新の情報を追いかけていたいのですか。
　あなたがいつまでにその情報を欲しいかを明らかにすれば、図書館員は、それにあわせてそれなりの情報を提供してくれます。同じ質問でも、5分しか時間がないならば身近な資料をあたりますし、時間があるならば、他の図書館の協力も得て、より確実で綿密な調査ができます。

c. どのくらいの量、どのくらいの深さで欲しいか
　○　そのデータや事実だけを欲しいのですか。
　○　そのことに関して1ページくらいの文章があればいいですか。それとも1冊くらい書かれたものを読みたいですか。
　○　いくつかの資料が入手できればいいですか。それとも、それに関連する資料はすべて網羅的に欲しいのですか。
　○　そのことに関する文献リストを必要としているのですか。文献リストの中から必要な文献を選びますか。

d. どんな形態の情報が欲しいか
　○　そのことに関する絵、写真、表、図、音楽、動画を必要としていますか。
　○　何語の情報が欲しいのですか。どのような言語ならばいいですか。
　○　印刷媒体でいいですか。デジタル媒体で欲しいのですか。

e.　いつの時点の情報が必要か

○　最新の情報が必要ですか。それとも、多少古くてもいいですか。

○　過去数年間、あるいは数カ月間に遡って調べる必要があります
か。

f.　これまでに何をどうやって調べたか

○　そのことを調べるために、これまでどんな資料をどのように使い
ましたか。

○　今、そのことについて、多少なりとも得ている情報や資料はあり
ますか。それは、どんな情報ですか。持っていたら、見せてください。
すでに調査した資料がわかれば、そこから調査を開始でき、調査の
時間を短縮することができます。また、ことばではなかなか把握でき
ない調査内容も、具体的な資料の例があれば、そこから調査のための
キーワードを見つけることができるのです。

これらのことがらを、図書館員に尋ねる前に、まず自分自身に尋ねて
ください。それから、図書館員に、率直に、要領良く、簡潔に質問して
ください。

誰がどのような質問をして、どのような回答を得たのかは、決して外
部に漏らすことはありませんから、さしつかえない限りで詳しく述べて
ください。利用者の置かれている立場や、情報利用の目的が明確にわか
れば、わかるほど、的確なレファレンス・サービスを受けることができ
ます。

なお、自分でレファレンス資料を調べたり、インターネット情報やデー
タベースを検索する場合にも、以上述べたポイントを参考にして、事前
に、調べるテーマを明確にしてから始めるとよいでしょう。調査するテー
マの目的や内容を明確に把握することは、情報探索において最も重要な
ことです。

(3) 単刀直入に聞く

　図書館員には、あなたが調べたいことがらを、遠回しでなく、率直に話してください。

　たとえば、ある人が、レファレンス・カウンターで、「江戸時代の歴史の本はありますか」と尋ねました。すると、図書館員は「はい、あります。分類記号の210.5の書架を探してください」と答えました。けれども、実はこの人は「干支」のことを知りたかったのです。「干支」のことを調べるには、たぶん江戸時代の歴史の本を見れば出ているだろうと勝手に推測して、その資料の有無を尋ねてしまったのです。ちなみに「干支」について調べるには百科事典などを調べればでています。

　あなたが知りたいことがらと、図書館にある資料や機能を結びつけるのが図書館員の役目です。あなたは、あなたの知りたいことの要点を整理して、単刀直入に尋ねればよいのです。あとは、図書館員が適切な資料を紹介したり、調べてくれます。

　そのためには、図書館員が「はい」「いいえ」で終るような質問のしかたをしないよう心がけるとよいでしょう。この場合は「"干支"のことを知りたいのですが、何を調べたらいいですか」と聞けばいいのです。

(4) 無理をしてことばをあてはめない

　時には、自分が求めていることを表すのにぴったりくることばを知らなかったり、思いつかないことがあるかもしれません。その時は、無理をして、似たようなことばで表現しようとしたり、広い概念のことばでくくったり、一般化したり、推測でことばを当てはめて聞くのはやめましょう。その誤ったことばのために、欲しい情報がでてくるのが遅くなります。

　たとえば、農産物の収穫後に散布される農薬に関する問題について知りたいのだけれども、「ポストハーベスト農薬」ということばが思い出せないことがあります。無理をして「食品添加物に関する資料が欲しい」などと言わないでください。

「うまいことばが思いつかないのだけれども...」「どう言っていいか
わからないのですが...」「うまく言えないけれども、とにかく調べたい
ことがあるんです」そう告げてください。そして、どんなことが知りた
いのかを、あなたのことばで率直に伝えてください。図書館員は、それ
を分析して、あなたと一緒になって、適切なことばを見つけ、的確な情
報と結びつけてくれます。

　ことばに悩むよりも、自分の求めていることがらについて、はっきり
と、要領良く、率直に話す方が、問題解決の早道です。

　図書館員に上手に相談すること、それが図書館を利用する最大のポイ
ントです。

第6章　OPAC<ruby>オーパック</ruby>のしくみと探し方

　図書館には、所蔵しているすべての資料を記録した所蔵目録があります。最近は、この所蔵目録はパソコンやスマートフォンでも検索できるようになり、これを一般的にOPAC<ruby>オーパック</ruby>（オンライン所蔵目録：Online Public Access Catalog）といいます。OPACは、ほとんどの図書館のホームページに公開され、どこからでも検索できるようになっています。図書館のホームページ上には、「WebOPAC」「蔵書検索」「資料検索」などの名称や、図書館で特別の愛称をつけて掲載されています。

　このOPACを調べると、あなたの探したい資料が、その図書館にあるかどうか、あるならばどこの書架にいけばよいかがわかります。そこで、OPACを適切に使えるかどうかが、図書館をうまく利用できるかどうかのポイントのひとつとなります。

　ただし、雑誌や新聞の所蔵目録については、別に「雑誌タイトルリスト」「所蔵新聞一覧」などの名称で公開されていたり、貴重書や特殊な資料などについては、「○○文庫目録」といった名称で冊子体目録になっているなど、OPACに含まれていない資料もあります。

　あなたが利用する図書館では、どのような資料が、どのような形態の所蔵目録に収められているか確認してください。

　本章では、OPACを中心にして、そのしくみや使い方を解説します。なお、キーワードの見つけ方や検索機能については、第7章（→p.89）と第10章（→p.175）を参考にしてください。

（1）OPACのしくみ

　図書館では、資料ごとに、①タイトル、著者名、出版者(社)など、その資料を識別する情報（書誌事項といいます）と、②分類や件名など、その資料の内容を検索するために付与した情報、③請求記号や所蔵館、配架場所など、資料の所在を示す情報の3つを基本的なデータとして入力しています（図6.1参照）。件名とは、資料に書かれているテーマ（主

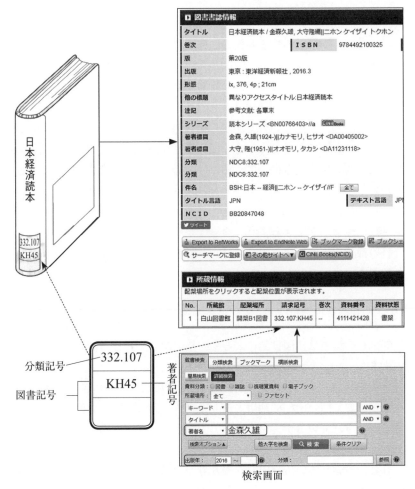

図6.1　OPACのしくみ　　　　-東洋大学附属図書館-

題内容）を表わすキーワードと考えてください。

　私たちは、OPACの検索画面から、これらの基本的な入力データを検索することができます。たとえば「著者が金森久雄で、出版年が2016年の本」のように、複数の条件を入力して、多角的な検索が可能です。

（2）検索画面

図6.2は、OPACの検索画面の一例です。OPACの検索画面は、図書館によって異なります。

検索画面は、図6.2のように、簡易検索と詳細検索に分かれている場合があります。簡易検索画面は、入力するボックスが一つあるいは二つくらいで、わかりやすいのですが、複数の条件を組み合わせた詳細な検索をすることができません。そこで、簡易検索と詳細検索の両方の画面が設定されている場合は、できるだけ、詳細検索画面を選択することをお勧めします。

また、詳細検索画面では、図書、雑誌、CDなどの資料の種類がリストされ、チェックできるようになっている場合があります。あらかじめ資料の種類を限定できる場合には、該当する資料の種類だけをチェックしておくとよいでしょう。

（3）ヘルプを探す

OPACの検索は、図書館によって、検索項目や操作方法もそれぞれ違います。

そこで、はじめてOPACを利用する場合は、まずOPACの検索画面をながめて、「ヘルプ」「利用方法」「資料の探し方」「入力例」などの名称で表示されているボタンを探してください。検索画面のどこかに必ずあります（図6.2参照）。

もし、検索している途中で、やり方がわからなくなったり、検索結果が思うように出なかったら、このヘルプをまず読んでみましょう。それでもうまく検索できなかったら、遠慮なく図書館員に尋ねてください。

（4）どの検索項目を使ったらよいか

OPACの検索画面には、「タイトル」「著者名」「出版社」「件名」などの名称が並んでいます。これらを検索項目と呼びます（図6.2参照）。

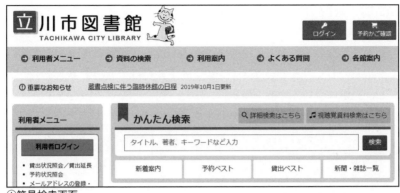

①簡易検索画面

②詳細検索画面

図6.2　OPAC検索画面の例　　―立川市立図書館―

　OPACを検索する際に、よく利用する検索項目について解説します。

a. タイトル項目

　はっきりとタイトルのわかっている資料を調べたい場合は、タイトルの項目で検索します。

　資料のタイトルには、先頭に「最新」「わかりやすい」「ビジネスマンのための」などのことばが小さな文字でついている場合があります。

OPACでは、タイトルも副タイトルもたいてい一緒に探せるようになっています。たとえば、「よくわかる 年金のしくみ」という図書ならば、「よくわかる年金のしくみ」とそのまま入力しても、冒頭のタイトルを除いて「年金のしくみ」というメインのタイトルだけでも検索できます。ただし、先頭についている「新版」「改訂」「新訂」などの版を表す語は、タイトルから省かれることがあります。

　検索できなかったら、タイトルのことばを削除したり、付け加えたりしてみてください。

　完全なタイトルが思い出せなくても、わかっている単語だけを入力しても検索できます。たとえば「年金」で入力すると、タイトルに「年金」がついた資料を全部検索します。「年金」「しくみ」と2つ以上の言葉を入力して、両方の言葉がつくタイトルを探すこともできます。このような複数の言葉を利用する場合は、OPACによって操作方法が異なりますので、画面の「ヘルプ」などのマニュアルを確認してみてください。詳しくは、第10章（→p.175）を読んでください。

b. 著者名項目

　ある特定の著者の資料を探したい場合は、著者名項目を使います。著者名項目は、「宮部みゆきが書いた本を調べたい」ときに、「宮部みゆき」というキーワードで調べることができる検索項目です。著者だけでなく、編者や翻訳者、絵本の画家名なども、この著者名の項目で検索できます。また、個人の著者名だけでなく、「日本放送協会」といった団体の著者名や、複数の著者が書いた小説を集めた短編集などの編集著作物の、個々の著者も探せます。

c. 件名項目

　件名項目は、ある特定のテーマに関する資料を探したいときに使います。

　たとえば、「サッカーに関する本を探したい」というときに、タイトル項目に「サッカー」を入力すると、『サッカーがうまくなる本』や、『日

本サッカーの歴史』のような、タイトルに「サッカー」が入っている本は確かに探すことができます。しかし、『Jリーグへの道』『英国フットボール』のように、サッカーを内容とする本であっても、タイトルに「サッカー」という言葉がない本は、タイトル項目では検索できません。つまり、タイトル項目では、あるテーマに関する、いろいろなタイトルの本すべてを探すことはできないのです。

　このような時に役立つのが件名項目です。件名とは、資料の内容に対して図書館員が付与したキーワードです。件名で「サッカー」を探すと、サッカーに関する資料が、タイトルにかかわらず調べられます。件名は、ある特定のテーマで調べたいときに、内容から探せる便利な検索項目です。

　資料は複数のテーマを含んでいることがありますから、1冊の資料には複数の件名が付与されます。叢書や全書では、全体に対する件名のほかにも、各巻に対しても件名を付けています。また、固有名詞や人名も件名となります。

　件名はこのように大変便利な項目ですが、実際にひいてみると、調べようとした言葉がなくて、途方にくれることがあると思います。これは、図書館で作成する件名は、一定のルールに基づいて作成されているため、思いついた言葉では必ずしもひけないのです。

　このような思いついた言葉で検索できないというケースは、実は件名に限らず、百科事典の索引やインターネット上の情報を検索する場合にも起こる問題です。

　そこで件名を含む検索のキーワードの見つけ方については、第7章で説明することにします（→p.89）。

d.　その他の検索項目

　OPACではこのほか、「講談社」「小学館」などの出版者(社)、出版年、分類記号などの項目からも検索できます。

　あなたの使うOPACでは、どのような項目で検索できるか、よくみておきましょう。

(5) OPACで資料を探す手順

　それでは、OPACで資料を検索して、その資料を図書館の書架から見つけるまでの基本的な手順を説明します。

a. 検索画面で検索をする

　まず、あなたの目的によって、OPAC検索画面のどの検索項目に、何ということばを入力するかを決めてください。キーワードの見つけ方は第7章（→p.89）に詳しくでています。

　図6.3では、著者名項目に「有栖川有栖」と入力し、検索ボタンを押しました。すると、195件の資料が検索され、検索結果の一覧が現れます。この一覧の中から、見たい資料を選びます。図6.3では、6番目の『インド倶楽部の謎』をクリックして選択しました。そうすると、図6.4のように、その資料の詳細表示画面が現れます。

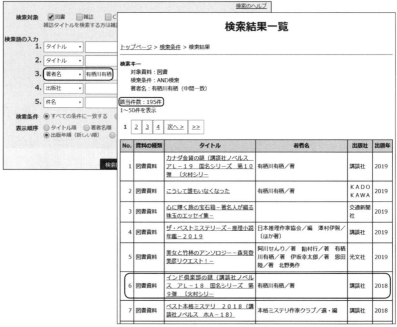

図6.3　OPAC検索画面と検索結果　　　　　　　　　　　－川崎市立図書館－

資料詳細

トップページ > 検索条件 > 検索結果 > 資料詳細

【書誌情報】

書名	インド倶楽部の謎
著者名	有栖川有栖／著
出版社	東京　講談社
出版年月	2018.9
価格	1250円
ページ数	381p
大きさ	18cm
シリーズ名	講談社ノベルス　アL−18　国
ISBN	9784065131381
NDC10	913.6
NDC9	913.6
NDC8	913.6
抄録	すべての運命が予言され記されて いで殺された。臨床犯罪学者・火
著者紹介	（有栖川有栖）1959年大阪府 謎」で日本推理作家協会賞、「女
資料形態	図書資料

【蔵書情報】

所蔵数：9冊 貸出数：6冊 予約数：0件

この資料を予約する

資料ID	所蔵館	貸禁	請求記号	資料の状態
430018385459	川崎		F1 アリ	貸出中です。
430019515575	田島		F1 アリ	貸出中です。
430019034155	大師		F1 アリ	貸出中です。
430019873602	中原		F1 アリ	[開架5階]に在庫しています。
430017753194	高津		F1 アリ	貸出中です。
430019586758	橘		F1 アリ	貸出中です。
430018646686	宮前		F1 アリ	貸出中です。
430018497668	多摩		F1 アリ	[新書本]に在庫しています。
430019037356	柿生		F1 アリ	[開架中資料]に在庫しています。

図6.4　OPAC詳細表示画面　　　　　−川崎市立図書館−

　この詳細表示画面には、選択した資料の詳しい書誌事項や、内容に関する情報が記述されています。求めている資料に間違いがないか確認してください。この書誌事項の見方については本章（7）OPAC詳細表示画面の記述（→p.80）で詳しく解説します。

　また、詳細表示画面では、所蔵の状況、すなわち、所蔵図書館（図書館に分館がある場合）、配架されている場所、請求記号、貸出状況などもわかります。求める資料が、図書館のどこにあり、閲覧できる状態かどうかを確認してください。

　もし、貸出中ならば、図書館によっては、検索画面から資料の予約をできる場合があります（→p.56）。検索画面による予約は、事前に手続

きをする必要がある場合がありますので、詳しくは図書館員にお尋ねください。

b. 請求記号などを書き写す

　目的の資料があなたの図書館に現在所蔵されていることを確認したら、詳細表示画面を印刷するか、請求記号、著者名、タイトル、必要ならば所蔵図書館や配架場所も書き写してください（図6.4参照）。それを持って書架に入りましょう。

　請求記号については、次項（6）請求記号のしくみで詳しく解説します。

c. 分類表示板を探す

　書庫の入口や書架の端に表示してある分類表示板から、メモした請求記号のいちばんはじめの分類記号が含まれる書架を見つけてください。

d. 請求記号を探す

　書架の中で資料はいつでも、左から右に、上から下に順番に並んでいます（図2.3→p.35）。ですから、分類表示板でだいたいの場所を見つけたら、この方向で書架の間を歩いて、まずメモした分類記号と同じラベルが貼ってある資料を探してください。同じ分類記号のある資料を見つけたら、次の著者記号、さらに必要ならばラベルの最下段と同じ記号を探してください。見つかったら、その資料の背表紙のタイトルと著者名を確認してください。それが、あなたの探している資料です。

（6）請求記号のしくみ

　OPACの詳細表示画面には、その資料の請求記号が記載されています。

　この請求記号は、原則的に、1資料ごとに固有の記号で、資料ひとつひとつを識別し、書架の配置を特定するためのものです。ただし、公共図書館などでは、完全に固有の記号でない場合もあります。

　請求記号は、資料の背表紙の下についているラベルにも記載されてい

て、その資料の書架における位置を示す役目を持っています（図6.5参照）。

　請求記号は、普通上段に分類記号、中下段に図書記号が記載されています。分類記号については、本章(8)分類表、(9)日本十進分類法（→p.83）で詳しく述べます。

　図書記号には、通常著者名の頭字を用いた著者記号を用います。著者名が「金森久雄（Kanamori Hisao)」ならば、「KH」「K」「Ka」あるいは「カ」「カナ」などで表されます。

　ところが、同じ分類記号で、「金井浩（Kanai Hiroshi)」という著者の資料がそのあとに所蔵されると、「金森久雄」と同じ「KH」や「カ」になってしまいます。そこで、この場合には、あとから所蔵された「金井浩」の著者記号を「KH2」のようにして、「金森久雄」と区別します。こうすることによって、「金森久雄」の著書と「金井浩」の著書が混在して配架されないようにするのです。

　さらに、請求記号の3段目に「3」、「'19」というような数字が書かれている場合もあります。これは、第3巻であることを示していたり、2019年版であることを示していたりします。また、同じ著者で複数の資料がある場合に、この3段目を使って順番に番号を振ることもありま

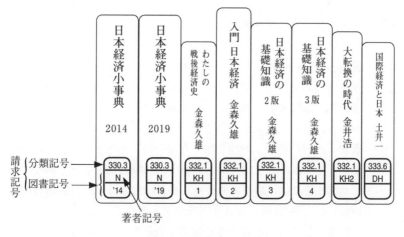

図6.5　請求記号のしくみ

す。これらは、同じ書名や同じ著者の本が、出版年順や、巻号順などで
並ぶように配慮したものです。

　請求記号のつけかたは、図書館によって異なりますので、詳しくは、
それぞれの図書館で尋ねてください。

　ともかく、一番上段が分類記号で、上段が同じ記号の場合は、その下
段の図書記号によって区別され、書架においても、この順に本が配列さ
れることを覚えておいてください。

(7) OPAC詳細表示画面の記述

　OPAC詳細表示画面には、請求記号のほかにも、その資料に関するさ
まざまな情報が記述されています。この情報を読みとることによって、
その資料の概要を知ることができます。

　図6.6はOPACの図書の詳細表示画面の一例を示しています。詳細表
示画面の記述のすべてを覚える必要はありませんが、最低限、次の＊印
の項目だけは、覚えておくと便利です。なお、詳細表示画面の記述され
ている項目や見出し語は、図書館によって若干の違いがあります。以下
に、主な項目を取り上げて説明しましょう。

＊a.　**タイトル**（書名・標題）：資料のタイトルや副タイトルが記述さ
　　　れます。

＊b.　**著者名**：資料の著者名で、複数あったり、団体著者名の場合もあ
　　　ります。

　c.　**編者名、翻訳者名、画家名**など：編者は編、訳者には訳などの語
　　　がつき、著者と区別がつきます。

　d.　**版次**：内容に改訂、増補を加えた場合に、初版と区別するために
　　　新訂、第4版のように表示されます。初版は通常省略されますの
　　　で、図6.6には記述がありませんが、図6.1（→p.71）のOPAC
　　　画面には「第20版」という版次が記述されています。

　e.　**出版地**：出版者の所在する市町名が表示されています。

＊f.　**出版者（社）**：資料を出版した個人、団体、会社名をさします。出版者は、出版会社が多いですが、OPACでは一般的に出版者と書かれています。

＊g.　**出版年月**：出版された年と月です。

h.　**ページ数、冊数、大きさ**：1冊の場合は総ページ数、複数冊数がある場合はその冊数が表示されています。大きさは資料の縦の長さです。

i.　**シリーズ名**：「岩波新書」などのシリーズ名、叢書名がある場合

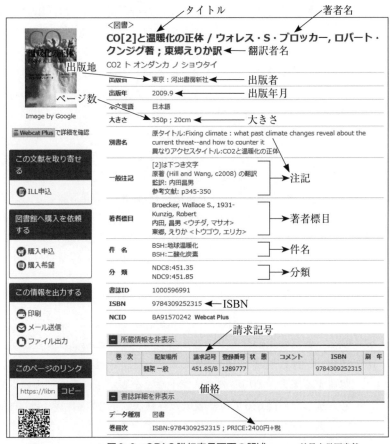

図6.6　OPAC詳細表示画面の記述　　－鶴見大学図書館－

に記述されます。図6.4（→p.77）のOPAC画面にはシリーズ名「講談社ノベルス」が記述されています。

j. **注記**：原書名、参考文献のあるページなど、書誌事項や内容について必要なことがらを注記しています。

k. **ISBN**：国際標準図書番号（International Standard Book Number）の略。国際的に使用されている、図書を識別するための固有番号です。

l. **著者標目**：図書館では、資料に記載されている著者名とは別に、正確で統一した著者名を典拠リストに基づいて付与しています。これを著者標目と呼んでいます。図6.6の著者標目では、「Broecker, Wallace S.」や「東郷, えりか」のように、著者名を姓名に分けて、間にコンマで区切っています。日本名にはフリガナを振り、欧文著者名は原綴りで記述します。同姓同名の人物は、生年月日で区別したりもします。同じ著者名を探したい場合には、この著者標目の著者名を探します。

m. **件名**：図書に付与されている件名が記述されています。図6.6では、件名は「地球温暖化」「二酸化炭素」が付与されています。

n. **分類**：図書館の分類記号が示されています。図6.6の分類で「NDC8」とは『日本十進分類法』（→p.83）の第8版をさし、これにもとづいて分類記号「451.35」（気象学 – 気温）が付与されています。「NDC9」とは、『日本十進分類法』第9版にもとづき、新設された「451.85」（気候変化, 気候変動）の分類が付与されていることを示しています。

これらの件名や分類の使い方については、第7章（4）キーワードを見つけるこつのh.の項（→p.96）で説明しています。

o. **価格**：資料の定価や入手の方法などについて記述されています。

p. **内容**：最近は、図書の目次、あらすじ、要旨や、図書の表紙の写真、関連する図書、利用者のコメントなどを表示される詳細画面もでてきました。図6.6では、表紙の写真が表示され、「Webcat Plusで詳細を確認」をクリックすると、要旨や目次が表示されます。図6.4（→p.77）では、抄録が掲載されています。

（8）分類表

　書架の中から、分類記号をキーにして資料を探すには、図書館の分類のあらましを知っておくと便利です。

　図書館では、多くの資料を利用者にわかりやすく配置するために分類表を作成し、その分類表にしたがって資料を分類し、配架しています。

　わが国の図書館でよく使われている代表的な分類としては、『日本十進分類法』（NDC：Nippon Decimal Classification）があげられます。図書館の多くは、これをそのまま利用するか、これを展開して使用しています。

　しかし、専門図書館や大規模図書館では、独自の分類表を作成している図書館も数多くあります。たとえば、国立国会図書館では独自の『国立国会図書館分類表』（NDLC:Nippon Diet Library Classification）で分類をしています。

　分類表は、図書館の誰でも見えるところに必ず表示してありますから、あなたの図書館の分類表を確認しておいてください。

（9）日本十進分類法（NDC）

　『日本十進分類法』（NDC）は、社会の変化とともに、定期的に改訂が行われ、2019年現在は第10版が最新の分類法です。

　『日本十進分類法』では、まずすべての知識を0から9まで10に分けます（図6.7参照）。さらにその中を10に分けます。たとえば、「3 社会科学」の中は「300 社会科学」から「390 国防・軍事」まで10に分かれています。ここまでで、100に区分されたことになります。

　さらに、「330 経済」の中は、330から339に分類されます。これで1000に分類されたことになります。

　必要ならば、さらに、小数点以下の10ずつに分かれていきます。

　このように分類をしていくと、同じ内容の資料が同じ場所に集まることになります。

　OPACから資料を探す時だけでなく、書架をながめて資料を探す場合

図6.7 『日本十進分類法』の例

にも、このような図書館の分類記号のしくみを理解し、欲しいテーマの
分類記号を知ることによって、素早く資料にアクセスすることができま
す。

　しかしながら、これらの分類表をすべて覚える必要は全くありません。
資料を見つけ出すためには、はじめの10の分類か、せいぜい、いつも
あなたが利用する分野の分類記号くらいが頭に入っていれば十分です。
必要ならば、図書館に掲示してある分類表を見るか、OPAC検索画面に
分類表が表示されているならば、これを見ればよいのです。

　ただ、図書館の資料が、おおむねこのようなしくみによって分類され
ていることを、覚えておくと大変便利です。

（10）資料が見つからない場合は

　以上のような手順をふんで、資料を探したにもかかわらず、あなたの
欲しい資料が見つからなかった場合はどうしたらよいでしょうか。簡単
にあきらめないで、つぎのような方法を試してください（図6.8参照）。

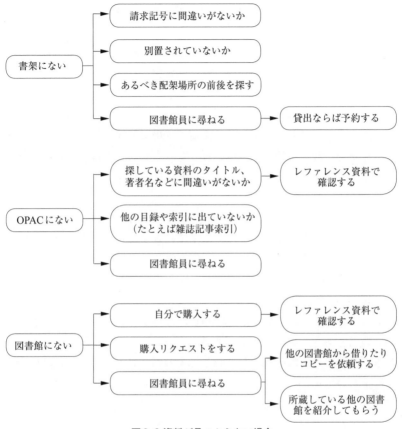

図6.8 資料が見つからない場合

a. 書架にない場合

　OPACを調べて書架に行ったのに、その資料が見つからない場合があります。

　まず、その資料の請求記号のコピーに間違いがないかもう一度調べてみましょう。

　請求記号に間違いがないことを確認したら、OPACに、他の書架に別置されているという記述がないか確かめてください。たとえば、閉架書架、大型本、レファレンス資料、貴重書であるという印、あるいは、分

館や、ネットワークを組んでいる他の図書館が所蔵しているという記述はありませんか。別置されている場合には、その書架で該当する請求記号のついた資料を探してください。閉架書架に所蔵している場合や、ほかの図書館に所蔵されているならば、図書館員にそのことを言えば、手続きをしてくれます。

それでも書架にない場合は、配架が間違っていることがあります。

書架の中で、探している資料のあるべき場所の前後をもう一度見てみてください。開架書架の場合は、たくさんの利用者が自由に資料の出し入れをしますから、間違えてもとの場所に戻されない場合が応々にしてあります。

それでも見つからない場合は、遠慮なく図書館員に尋ねましょう。ちょうどその資料が閲覧されていたり、すでに誰かに貸出されている場合もあります。このような場合には、予約をすることができます。

b. OPACにない場合

あなたの探している資料が、OPACにないからといって、図書館にはないのだとあきらめないでください。

まず、あなたの探そうとしている資料の著者名やタイトルの記憶やメモは正しいですか。探したい資料は、友人から聞いたり、新聞やテレビで紹介されたものもあるでしょうし、論文の参考文献で紹介されたり、ほかの目録や索引で調べたものもあるかも知れません。いずれにしても、もういちど必要な事項を確認してください。たとえば、本ならば、書名、著者名、出版者、出版年です。

うろ覚えやあいまいな情報であったり、情報源そのものが間違っている場合でもあきらめないでください。「国立国会図書館オンライン」（→p.116）のようなツールを使って、正確な書名や著者名を確認することができます。

あなたの探しているタイトルや著者名に間違いがないならば、資料の種類によっては、OPACには収録されていないものもあります。たとえば、雑誌の中の一論文を探しているのならば、雑誌記事が収録された索

引（→p.166）を調べなければなりません。

　そのほか、会議資料、統計、規格、カタログ、パンフレット、視聴覚資料なども、別の目録や索引が用意されている場合があります。これらの目録や索引は、別置されていたり、カウンターに置かれている場合もありますから、見つからなかったら、遠慮なく図書館員に尋ねてください。

　なお、情報源から必要な事項を正確に写し、その資料が本なのか、雑誌なのか、規格なのかという資料の種類を見わけることは、OPACを使う際に重要なポイントです。書誌事項の書き方と見方については、第8章で説明していますので参考にしてください（→p.102）。

　調べるテーマによってはOPACではなく、事典などのレファレンス資料を調べたほうがいい場合があります。また、OPACの検索項目やキーワードの選び方に問題がある場合もあります。

　OPACにないとあきらめる前に、必ず図書館員に助けを求めてください。

c.　図書館にない場合

　OPACは、原則的にその図書館が所蔵している資料を対象にしています。したがって、OPACを調べて、探している資料が図書館にないことがわかったら、どうしたらよいでしょうか。

　急いでいる場合には、自分で購入する方法があります。ただし、それが購入できる資料かどうかを確かめておきましょう。本ならば「出版書誌データベース（Pub DB）」（→p.163）、雑誌ならば『雑誌新聞総かたろぐ』（→p.165）などが最も代表的な調べるツールです。

　図書館にその資料を手に入れてもらうよう、リクエストをすることもできます。もちろん、何でも図書館が入手できるかというとそうではありません。図書館の収集分野や方針にあうかどうか、手に入れられる資料かどうか検討がおこなわれます。そのため、多少時間がかかることがあります。

　利用している図書館にはなくても、他の図書館では所蔵しているかもしれません。インターネットで他の図書館のOPACを検索したり、公共

図書館ならば「国立国会図書館サーチ」（→p.116）、大学図書館ならば、「CiNii Books」（→p.118）を検索して、他の図書館の所蔵を調べられます。

　佐賀県立図書館の「県内図書館横断検索」のように、地域の公共図書館や大学図書館のOPACを横断的に検索するシステムも提供されています。各図書館のOPACの違いに注意しながら、これらを利用するのもひとつの方法です。

　図書館では、他の協力関係のある図書館に、資料の貸出やコピーを依頼してくれます。また、専門的で特殊な資料は、そうした資料を集めている他の図書館を紹介することもできます。このような場合は、図書館員に尋ねてください。

第7章　キーワードをうまく見つけるには

　図書館で資料を探すためには、OPACを利用するとよいということを第6章でお話しました。ところが、思いついたことばで、探そうとしても、うまく見つからない時があります。

　インターネット検索でキーワードをボックスに入力する場合でも、同様の問題が生じます。また、百科事典などの冊子体のレファレンス資料を利用する場合では、まず巻末の索引をひくのが効率的ですが（→p.134）、この場合にも、探していることばが索引に見つからないことがあります。

　本章では、このようにOPACやインターネット情報、索引などを検索する場合に、キーワードがなぜ見つけにくいのか、どうしたらうまく見つけられるのかについて説明します。

　なお、情報や資料に付けられるキーワードは、検索語、件名、見出し語など呼び方はいろいろありますが、ここでは、キーワードで統一して話を進めます。

(1) キーワードのしくみ

　たとえば、ここに日本建築について書かれた、『日本建築入門』というタイトルの本があるとします。この図書は、日本の建築について書かれているので、「日本建築」というキーワードが付与されます。

　一方、『日本のすまい』というタイトルの図書も、日本の建築について書かれているので、この図書にも「日本建築」というキーワードがつけられます。また、本の内容を見ると、住居の歴史についても書かれているので、「住居－歴史」というキーワードもつけられます。

　別の『法隆寺』というタイトルの図書は、「法隆寺」というキーワードだけでなく、「法隆寺」を包括する「日本建築」「建築構造」「寺院建築」というキーワードもつけられます。

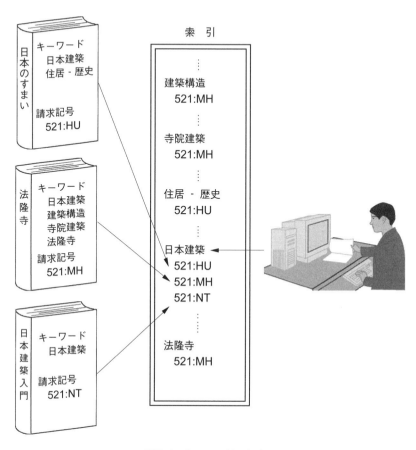

図7.1　キーワードのしくみ

　そうすると、「日本建築」のキーワードのもとには、『日本建築入門』だけではなく、『日本のすまい』『法隆寺』など日本建築について書かれた、さまざまな資料が集められます。これが索引です（図7.1参照）。事典などの索引も、同様のしくみで「日本建築」について書かれた項目が集まります。

　索引は、キーワードの五十音順などで配列され、それぞれのキーワードには、図書ならば請求記号、事典ならばページなど、その所在を示す

情報がリストされています。

　そこで、私たちは、「日本建築」についての資料を探したい時に、OPACで「日本建築」と入力すると、コンピュータは、索引で「日本建築」というキーワードを探し、日本の建築について書かれている図書を、まとめて探すことができるのです。つまり、索引を介することによって、あるキーワードをキーにして、テーマや主題、内容を同じくする情報を迅速に探しだせるわけです。

　さらに、索引には、その図書や情報のある場所、図書ならば請求記号が示されているので、それをたどって原情報を入手できます。

　情報検索のキーワードは、だいたいこのようなしくみになっています。

(2) キーワードの種類

　キーワードには、大きく分けて2種類あります。

a. 統制語

　ひとつは、人が、図書や雑誌記事などを読んで、情報内容を把握し、何について述べているかを分析し、他の情報との関係や、利用者がどのようなことばで探そうとするかを考えながら、決められたキーワードリストの中から、キーワードを選んで付与する方法です。このような方式で付けられたキーワードを、統制語といいます。

　たとえば、図書の件名（キーワード）は、図書館員が『基本件名標目表』（→p.98）というキーワードリストに基づいて付与しています。言い換えると、『基本件名標目表』に掲載されているキーワードしか付与しません。これが統制語です。

　図書館の分類も、統制語の一種です。分類は、ことばではなく記号で表しますが、『日本十進分類法』（→p.83）というリストに基づいて付与しているので同じといえます。

b. 自然語

もうひとつは、コンピュータで、原情報の文章から自動的にキーワードを切り出す方法です。この場合は、『基本件名標目表』のようなキーワードリストは通常ありません。このような方式で付与されたキーワードが自然語です。自然語とは、私たちが普通に使用している、統制されていない語をいいます。

たとえば、OPAC検索画面のタイトル項目は、資料のタイトル中の文字をそのままキーワードとしています。また、インターネットのGoogleなどの検索エンジンの多くも、Webページの文章そのままをキーワードとしています。

現在、あなたが情報をキーワードで探す場合には、統制語か自然語のどちらか、あるいは両方のキーワードが用いられています。

日本建築に関する図書の例で言うと、統制語では、『日本のすまい』『法隆寺』というタイトルにかかわらず、人が図書の内容を分析し、キーワードリストに基づいて「日本建築」というキーワードを付与します。図書館のOPACでは、これを件名と呼んでいます。

自然語では、『日本のすまい』は「日本」と「すまい」というような単語や、あるいは「日本の」「本の」「日本のす」「すま」などの文字の列そのものがキーワードとなります。『法隆寺』では「法隆寺」あるいは「法」「隆」「寺」「法隆」「隆寺」というキーワードが自動的に切り出されます。タイトルにない「日本建築」というキーワードは付与されません。図書館のOPACでは、タイトル項目のキーワードが、この自然語方式で付与されています。

あなたが探そうとしている索引やデータベースの見出し語や検索項目では、どちらのキーワードが付けられているでしょうか。

(3) キーワードが見つからない理由

キーワードの種類にかかわらず、私たちが資料や情報を探す場合に、

頭に浮かんだキーワードを探しても、見あたらなくて困ってしまうことがあります。

　たとえば、「飛行機」のことを調べたいと思って、「飛行機」を探しても、うまく検索されません。しかし、「航空機」を探すと見つかったりします。

　このようなことが起きるのはなぜでしょうか。

　キーワードは、私たちが日常使用している「ことば」を利用しています。そのため、人によってそれぞれの「ことば」に対する定義や概念、使い方が異なり、文章を書いた著者やキーワードをつけた人と、キーワードをひく人の間に、ギャップが生まれやすいのです。しかしながら、目録や索引は、多くの人によって作成され、また多くの人が利用するものですから、ことばのギャップはある意味では避け難い問題でもあります。

　そこで、統制語では、キーワードを付与する人（索引者という）も利用者（検索者という）も、共に統一されたキーワードのルールやリストに基づいて、キーワードを付与したり、探したりすることで、このギャップを減らそうとしているのです。

　このルールやリストは、その目録や索引によってそれぞれ異なります。そこで、正しく利用しようとする場合には、利用の手引、あるいはキーワードリストを、きちんと読む必要があります。

　キーワードリスト、たとえば『日本十進分類法』（→p.83）や『基本件名標目表』（→p.98）などを見るのは面倒のようですが、かえって網羅的に早く探せる場合があります。これらの具体的な利用方法については、本章（4）キーワードを見つけるこつのhの項（→p.96）で説明しています。

　一方、自然語のキーワードの場合は、このようなルールやリストはありません。一見楽そうですが、著者が書いたタイトルや文章中に表れたことばそのままをキーワードとしていますので、ことばに対する利用者と著者とのギャップが生じやすいと言えましょう。したがって、利用者がキーワードをいろいろと工夫して、検索もれやよけいな資料が検索されないよう注意する必要があります。

（4）キーワードを見つけるこつ

　実際には、キーワードのルールやリストをじっくり読んでから始めるのは、なかなか面倒だと思います。

　そこで、キーワードを見つける、一般的な「こつ」をお話しします。キーワードがうまく見つからなかった場合には、まずこれを試してください。

　それでもうまくキーワードが見つからなかったら、利用の手引やキーワードリストを読んでみてください。また、辞典や事典を使ってキーワードを探すのもよい方法です。それでもうまくいかない場合は、図書館員に相談してください。

　なお、特に自然語のキーワードでは、著者の文章表現そのものがキーワードになりますから、著者がどのようにその内容を表現しているか、想像してみるとよいでしょう。

　たとえば、「正岡子規」「夏目漱石」など著名な作家や芸術家は、図書のタイトルや雑誌記事の本文の中では、「子規と漱石」のように、姓を省いて書かれることが多くあります。ですから、「正岡子規」について書かれた資料を検索する場合は「正岡子規」だけで調べるだけでなく「子規」で調べないと、重要な情報がもれてしまいます。

　また、新聞記事では飛行機に関するニュースで、記事本文に「飛行機」という文字は使われません。新聞記事本文では、「航空機」「日航機」「エアバスＡ330-200型」などと書かれます。

　このように、自然語の場合は、調べたい内容が原情報では、どのような文章で表現されているかを想像できることが大切になります。

a.　同義語や関連語を思い浮かべる

　同じことがらを表す他のことばを同義語といいます。同義語を連想ゲームのように頭の中で思い浮かべてください。たとえば、「本」ならば、「書物」、「書籍」、「単行本」、「図書」といった具合です。

　あるいは、それと関連する周辺のことば（類義語や関連語）を思い出してください。たとえば、「資料」「文献」「論文」「情報」です。

「本」というキーワードでみつからない場合は、これらの同義語や類義語、関連語を使ってみます。

b. 略語は正式名称に、正式名称は略語に

略語は、正式な語に直してみてください。たとえば、「デジカメ」は「デジタルカメラ」、「NHK」は、「日本放送協会」といった具合です。逆に略語の方がキーワードになっている場合もあります。たとえば、「欧州連合」ではなくて、「EU」のほうがキーワードになっている場合もあるかも知れません。

c. より狭い概念やより広い概念のことばを探す

広い概念のことばで探して見つからない場合は、よりテーマに特定したより狭い概念のことばを探してください。逆にあまりに特定したことばで探してなかったら、より広い概念のことばを探してください。

たとえば、「ワイン」のことを探したいなら、広い概念の「酒」というキーワードで探してはいけません。まず、特定的な狭い概念のことば「ワイン」を探します。

でも、もし「ボジョレーヌーボー」というキーワードがなかったら、広い概念を表す「ワイン」を探してみてください。「ワイン」で見つからなかったら、さらに広い概念の「酒」で探します。

d. ことばの順番を変える

ことばの順番を変えてみてください。たとえば、「インドの宗教」ならば「宗教（インド）」とすると、探せることがあります。国名、地域名、時代などは、転置されるケースがあります。

e. 複合語は分割する

長い複合語は、分割した方が良い場合があります。「オーストラリア旅行案内」ならば、「オーストラリア」「旅行」「案内」に分割してみましょう。

f. よみは正しいか

キーワードのよみ方が間違っていないか確かめましょう。「日本」は、「ニッポン」あるいは「Nippon」が正式なよみ方ですが、中には「日本大学」のように「ニホンダイガク」が正式なよみ方である場合もあります。よみ方が間違っていると、キーワードが見つからないことがあります。

よみや原綴りのわからない人名、地名などは、目録や索引をひく前に、人名事典（→p.147）や地名事典（→p.156）で確かめてからひくと良いでしょう。

g. 参照をたどる

中には、「を見よ」「→」「see」などの表示が示されている場合があります。例えば索引で「献立」をひくと、「料理を見よ」と書いてあります。これを参照と呼んでいます。これによって「献立」ではなくて、「料理」というキーワードが採用されていることがわかります。参照は、キーワードを付与する人と利用者の間のキーワードに対するギャップを埋める役割を果たしています。

また、「をも見よ」「→：」「see also」などの表示が見つかることもあります。たとえば、「地球温暖化」をひくと、「環境問題をも見よ」とでてきます。これは、「環境問題」は「地球温暖化」に関連しているので、探したほうがいいですよということを言っているのです。これも無視しないで、ぜひひいてみることを勧めます。この「をも見よ」で案内されたキーワードを探すと、また「をも見よ」が発見されるでしょう。このようにして、あるテーマに関連する資料が次々と見つかるようになっているのです。

h. すでに入手している資料をひいてみる

もし、もうすでになんらかの資料を手にしていて、こんな内容の資料を見たいということならば、その持っている資料を著者名か書名でひいてみてください。

▶ 図書書誌情報	
タイトル	地域計画情報論 / 土方正夫編著‖チイキ ケイカク ジョウホウロン
巻次	ＩＳＢＮ　9784792333768
出版	東京 : 成文堂 , 2018.5
形態	vii, 256p ; 21cm
他の標題	異なりアクセスタイトル:地域計画情報論
注記	文献あり
著者標目	土方, 正夫(1946-)‖ヒジカタ, マサオ <DA15947086>
分類	NDC8:318.6
分類	NDC9:318.6
分類	NDC10:318.6
件名	BSH:地域開発‖チイキカイハツ//K　全て
件名	BSH:都市計画‖トシケイカク//K　全て
タイトル言語	JPN　テキスト言語
ＮＣＩＤ	BB26333156

図7.2　すでに入手している資料をひいてみる　　−東洋大学附属図書館−

　たとえば、地域づくりについて調べていて、すでに『地域計画情報論』という目的に合った本を持っているならば、その本の著者名か書名をOPACでひいてみてください。すると、OPACの詳細表示画面の件名に、「地域開発」「都市計画」と書いてあるのが見つかると思います（図7.2参照）。つまり、その本には、「地域開発」「都市計画」というキーワードがつけられているのです。ということは、その本と同じような内容の資料を探したいならば、それらのキーワードで探せばいいということになります。あるいは、同じ考え方でNDC（→p.83）の分類記号「318.6」を探してもいいでしょう。「318.6」には、地方開発行政に関する図書が分類されています。

　このように、すでに入手している資料に、どのようなキーワードがついているかをさぐることで、適切なキーワードを見つけることができます。

　以上のキーワードを見つける方法は、OPACだけではなく、インターネット情報の検索やレファレンス資料の索引などでキーワードを探す際にも共通して使えます。

　はじめはなかなかうまく見つからないかも知れませんが、繰り返して利用しているうちに、だんだんと慣れて、はじめてのOPACや索引も難なく利用できるようになります。

(5) キーワードリストの利用

　キーワードリストがある場合には、これを利用してキーワードを見つけることができます。

　OPACの図書の件名は、件名標目表というキーワードリストにあるキーワードを使って、付与しています。件名標目表にないキーワードは原則的に付与しません。そこで、基本的には、件名標目表の中に示されているキーワードで、件名を検索すればよいということになります。代表的なわが国の件名標目表を紹介します。

基本件名標目表（BSH）　第4版　日本図書館協会件名標目委員会編
日本図書館協会　1999　2冊
　わが国の図書館における、一般図書に必要な件名のリストです。多くの人々に常用されている代表的なことばを採用しています。公共図書館、大学図書館などでの件名を探すのに利用できます。BSHとはBasic Subject Headings の略です（図7.3参照）。
国立国会図書館件名標目表（NDLSH）　国立国会図書館　https://id.ndl.go.jp/auth/ndla
　国立国会図書館件名標目表（National Diet Library Subject Headings）は、国立国会図書館所蔵の図書の件名の一覧表です。「国立国会図書館典拠データ検索・提供サービス（Web NDL Authorities）」で検索し、画面で見ることができます（図7.4参照）。

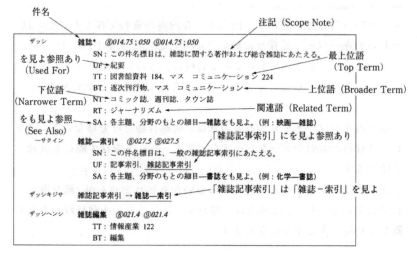

図7.3 『基本件名標目表』の実例

　このほか、データベースでは、シソーラス^{注1)}というキーワードのリストが使われます。

(6) うまく見つからない場合は

　キーワードは、その目録や索引によって作り方に特徴がありますから、慣れないとなかなかうまく見つからないものです。うまく見つからなかったら、あきらめないで、必ず図書館員に相談してください。きっと解決すると思います。

　注1) シソーラスとは、キーワードを付与する者と利用者の間で使用されるキーワードを決め、それらのキーワード間の意味的関係（同義語、関連語、上位語、下位語など）を明記した辞書をいいます。特にデータベース検索で用いられ、代表的なシソーラスとしては、科学技術振興機構の「JST科学技術用語シソーラス」や日本経済新聞社の「日経シソーラス」（https://t21.nikkei.co.jp/public/help/contract/price/00/thesaurus/index_AA.html）があります。

活用編

①「ダンス」の検索結果の件名一覧

②件名「ダンス音楽」の 詳細情報表示

③件名「ダンス音楽」の
　検索結果一覧画面

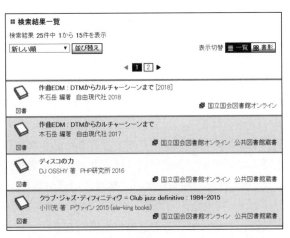

解説：「国立国会図書館典拠データ検索・提供サービス（Web NDL Authorities）」の検索画面に
　　　「ダンス」と入力すると、「国立国会図書館件名標目表」の中で「ダンス」を含む件名が
　　　一覧されます（①）。この一覧の中の「ダンス音楽」を見ると、「←ダンスミュージック；
　　　Dance music」とあります。「←」は、これらが「ダンス音楽」の同義語であることを示
　　　しています。さらに「ダンス音楽」をクリックすると、上位語に「ポピュラー音楽」下位
　　　語に「ラップ（音楽）」関連語に「タンゴ」「ディスコテーク」があることがわかります（②）。「ダ
　　　ンス音楽」が付与された図書を検索するには、②の画面右上の「件名検索」のボタンをク
　　　リック します。そうすると、件名「ダンス音楽」が付与された図書25件が一覧表で表示
　　　されます （③）。この一覧の図書のタイトルを見ると、『ディスコの力』や『クラブ・ジャ
　　　ズ・ディフィニティヴ』など、「ダンス音楽」という語がタイトルになくても「ダンス音楽」
　　　を内容とする図書が検索されているのがわかります。

図7.4　「国立国会図書館典拠データ検索・提供サービス（Web NDL Authorities）」

第8章　書誌事項の書き方と見方

　私たちは、広告や口コミ、参考文献などいろいろなルートで、ある資料の存在を知り、手に入れようとします。求める資料を手に入れるには、タイトルや著者名、出版者(社)、雑誌名など、最低限必要なその資料を識別するための項目があります。これら必要な項目の集まりを書誌事項と呼んでいます。書誌事項には、どのような資料にも共通する項目もありますが、資料の種類によって異なる項目があり、これが欠けたり間違っていると、探せなかったり、手に入れるのに時間がかかってしまいます。

　また、書かれている書誌事項を見たときに、その資料が図書なのか雑誌記事なのかといった資料の種類と、書誌事項の記述を正しく読み取ることができないと、その資料を入手することができません。たとえば、図書ならば図書館のOPACで書名をタイトル項目で探せばよいのですが、もし、雑誌記事ならば、記事のタイトルではなく、雑誌名をタイトル項目で探さなければなりません。

　そこで本章では、各資料に必要な書誌事項は何か、どこを見て資料の種類を判断したらよいのかについて述べます。電子ジャーナルやWebページなどの電子資料の書誌事項についても例をあげました。これらは、レポートや論文を書く場合に、その引用文献や参考文献の書き方としても参考になります。

　なお、書誌事項の書き方は分野毎に異なりますが、本章では、わが国の書誌事項の書き方として広範囲に利用されている、科学技術振興機構の科学技術情報流通技術基準「SIST02-2007：参照文献の書き方」(https://jipsti.jst.go.jp/sist/pdf/SIST02-2007.pdf) に準拠しています。詳しくは、拙著『レポート・論文作成のための　引用・参考文献の書き方』(日外アソシエーツ，2009) を見てください。

　また、書誌事項の書き方は、筆者が作成した無料の「引用・参考文献の書き方　作成テンプレート」(http://inyo.nichigai.co.jp/) を利用すると、簡単に書けますので参考にしてください (図8.2参照→p.106)。日

外アソシエーツのホームページ（http://www.nichigai.co.jp/）のサイド
メニューからもアクセスできます。

(1) 必要な書誌事項

　資料の種類によって、探すために必要な書誌事項が異なります。代表
的な資料の種類を取り上げ、必要な項目を示します。

　また、電子媒体の場合は、それぞれの記述の最後に、その媒体の種類
（電子書籍、電子メールなど）、入手先（URL、電子メールの発信者など）、
入手年月日（アクセス年月日、参照年月日など）の3つの項目を付け加
えるとよいでしょう。

a.　図書1冊

　　著者名　書名　版次　出版者(社)　出版年　総ページ　叢書名

b.　雑誌記事

　　著者名　記事のタイトル　雑誌名　発行年　巻号　はじめのページと
おわりのページ

c.　新聞記事

　　著者名　記事のタイトル　新聞紙名　発行年月日　朝・夕刊の別
ページ

d.　Webページ

　　著者名　Webページのタイトル　Webサイト（ホームページ）のタ
イトル　更新年月日　URL　入手年月日

(2) 書誌事項の書き方

　自分が手にしている、本や雑誌からメモするような場合は、その本や
雑誌のどこを見て何を書けばよいでしょうか。本や雑誌には、正確な書

誌事項がまとめて書かれている場所があります。

a. 図書

　わが国で出版された日本語の図書（和書という）の場合は、裏表紙の前の巻末に、奥付と呼ばれるページがあり、まとめて書誌事項が書かれています（図8.1参照）。和書の場合は、この奥付から、「著者名」「書名」「版次」「出版者（社）」「出版年」あれば「叢書（双書）名」を書きます。

　叢書とは、「歴史講座」や「岩波新書」などの総合的なタイトルのもとに、個々の書名をつけて刊行される形態の図書で、シリーズともいいます。その総合的なタイトルを「叢書名」といい、番号がついている場合もあります。図8.1では「有斐閣アルマ」が叢書名にあたります。

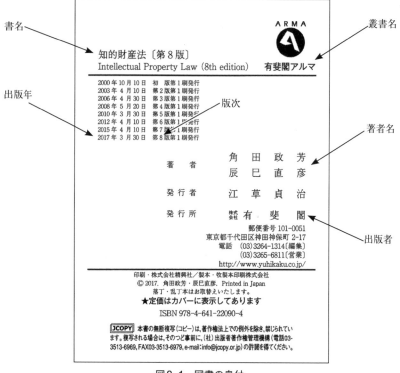

図8.1　図書の奥付

　版次とは、どの版面で印刷されたかを示すもので、「初版」「第2版」「改訂版」などと書かれています。版によって本の内容が異なりますので、版次も重要な項目となります。「初版」は、省いてもわかりますので、書かずに省略します。改訂されている場合は、最新の版次を、記述されているとおりに「第2版」「改訂版」などと書きます。

　ちなみに「刷」（「さつ」あるいは「すり」とよむ）は同じ版で何回目に印刷したかを示すもので、「初版第1刷」「改訂版第2刷」などと書かれていますが、書誌事項としては、必要ありません。

　出版者は会社や団体のことが多いですが、個人が刊行する場合もあるので、図書館のOPACなどでは、通常「出版者」と記述しています。奥付では「発行所」と表示されることが多いです。株式会社や独立行政法人などの名称は省きます。

　なお、奥付の「発行者」とは、発行所すなわち出版社の社長名で、著者名ではありません。

　出版年は、いつの時点の情報内容かを示すものですから、最新の版次の第1刷の年をとります。したがって図8.1では、2017年が出版年となります。

　総ページは、図書の最後のページ数を書きます。図8.1の図書は545ページでした。

　書き写すのが面倒ならば、この奥付をコピーしておけば、だいたい間に合います。なお、原著者が外国人の場合は、原綴りもメモしておくと、役立つことがあります。

　図8.1の図書の必要な書誌事項は、次のようになります。

　　　著者名　　　　　　書名　　　版次　　出版者　出版年　総ページ
　　　　↓　　　　　　　↓　　　　↓　　　↓　　　↓　　　↓
角田政芳，辰巳直彦．知的財産法．第8版，有斐閣，2017，545p.，（有斐閣アルマ）．
　　↑
　　叢書名

　これを前述の「引用・参考文献の書き方　作成テンプレート」を利用

すると、図8.2のように、必要な書誌要素を画面にしたがって入力して「作成」ボタンを押すだけで、上記の書誌事項が区切り記号とともに出来上がります。

図8.2 「引用・参考文献の書き方」作成テンプレート

b. 雑誌記事

雑誌記事の場合は、その雑誌記事のタイトルの頁から、「著者名」「記事のタイトル」「はじめのページ」を、記事の最後の頁から「おわりのページ」を求め、雑誌の表紙あるいは裏表紙、奥付などから「雑誌名」「巻号」および「発行年」を探してください。

なお、雑誌の「巻号」は、号しかないものは「号」のみ、巻号と通巻号が併記されている場合は「巻号」をとります。

図8.3の雑誌記事の書誌事項は次のように書きます。

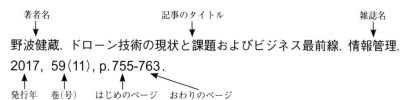

　電子ジャーナルの雑誌記事の書誌事項も、基本的には、冊子体と同じ項目が必要です。さらに電子資料特有の書誌事項として「URL」と「入手年月日」が必要となります。

　たとえば、図8.3の雑誌記事は冊子体で刊行されていますが、電子ジャーナルとしてインターネットでも公開されています。電子ジャーナルの雑誌記事を見た場合には、書誌事項は次のように書きます。すなわち、基本的な書誌事項は冊子体と同様ですが、その後に、URLと入手した年月日を書き加えればよいのです。

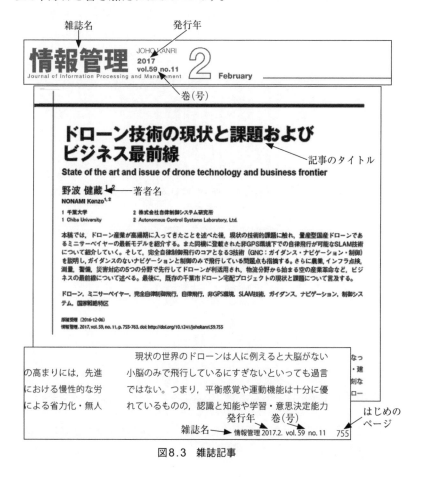

図8.3　雑誌記事

野波健蔵. ドローン技術の現状と課題およびビジネス最前線. 情報管理.
2017, 59(11), p. 755‐763. http://doi.org/ 10. 1241/johokanri.
59. 755, (参照2019-09-22).

入手年月日　　　　　　　　　　　　　　　URL

c. 新聞記事

　新聞記事は、署名記事の場合は「著者名」を書きます。「記事のタイトル」は、普通は新聞記事の最も大きな活字の見出しを取り、意味が通るように順序を追って小さな活字の見出しを「副タイトル」とします。「新聞紙名」、「発行年月日」、「ページ」は、新聞紙の上部に記載されています。「朝夕刊の別」も忘れないように書きます（図8.4参照）。

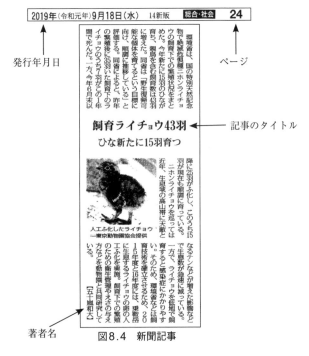

発行年月日　　　　　　　　　　　　　　　ページ

記事のタイトル

著者名

図8.4　新聞記事

　図8.4の新聞記事は毎日新聞の記事です。この記事の書誌事項は次のように書きます。

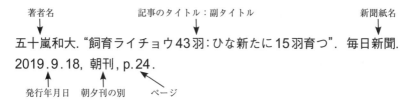

著者名　　　　記事のタイトル：副タイトル　　　　　　　新聞紙名

五十嵐和大. "飼育ライチョウ43羽：ひな新たに15羽育つ". 毎日新聞.
2019.9.18, 朝刊, p.24.

発行年月日　朝夕刊の別　　ページ

d.　Webページ

　Webページの場合は、Webページの「著者名」と「Webページのタイトル」を書きます。さらに、「Webサイト全体のタイトル」と「更新年月日」を書きます。ちょうど「Webページのタイトル」は図書の各章のタイトル、「Webサイト全体のタイトル」は書名にあたります。「更新年月日」は出版年月日に相当しますので、サイトの下部などを探してみてください（図8.5参照）。ない場合は省略します。

図8.5　Webページ　　　　　　　　　　　　　－提供　国立天文台－

| 著者名 | Webページのタイトル | Webサイト全体のタイトル | URL |

国立天文台. "ふたご座流星群". 国立天文台公式サイト. https://www.
nao.ac.jp/astro/basic/geminid.html,（参照2019-09-22）.

入手年月日

（3）参考文献リストから書誌事項を読み取る

　図書や雑誌記事の最後に掲載された、引用文献や参考文献リストは、
さらに調査研究を進めるために重要な文献です（図8.6参照）。引用文献、
参考文献リストに掲載された資料を、図書館で探したりコピーする場合
には、資料の種類を識別し、探す手がかりとなる書誌事項を読みとるこ
とができなければなりません。

　引用文献、参考文献の書き方は、一般に統一されていませんので、記
述の順番や表記のしかたに若干の違いがあります。また、ときには、必
要な書誌事項が欠けている場合も見受けられます。けれども、少し慣れ
てくれば、どのような書き方がなされていても正しく読み取ることがで
きますし、欠けている書誌事項は、目録や書誌で調べられます（→p.112）。

（4）出典をメモする

　引用文献や参考文献から資料の書誌事項を入手した場合は、どの本の
参考文献リストから、あるいはどの雑誌の何巻何号の何ページの引用文
献リストから入手したのか、その出典も書いておきましょう。もし、書
誌事項の書き写し間違いがあった場合に、もう一度出典にもどる必要が
でてこないとも限らないからです。

　本の引用文献、参考文献が出典ならば、その文献が掲載されていた本
の「著者名」「書名」「版次」「出版者(社)」「出版年」「掲載ページ」を
メモしておきます。

　雑誌記事の引用文献、参考文献が出典ならば、その雑誌記事の「著者
名」「記事のタイトル」「雑誌名」「巻号」「発行年」「掲載ページ」をメ
モすればよいのです。

引用文献

1）山本麻子. 書く力が身につくイギリスの教育. 岩波書店, 2010,
p.145-147.
2）梅田望夫. ウェブ進化論. 筑摩書房, 2006, p.152-156, (ちくま新書).
3）小野寺夏生. "ビブリオメトリックスからみた学術情報流通の現状". 学
術情報流通と大学図書館. 日本図書館情報学会研究委員会編. 勉誠出版,
2007, p.23-53.
4）名和小太郎. 第一著者になりたい. 情報管理. 2007, 49 (7), p.395-396.
5）ウルフ, メアリアン. プルーストとイカ：読書は脳をどのように変えるの
か？. 小松淳子訳. インターシフト, 2008, p.324-325.
6）加藤信哉. 電子ジャーナルの現状. 情報の科学と技術. 2005, 55 (6),
p.242-247.
7）田中康晴. be report：サイエンス　紙に代わるか、電子ペーパー. 朝日新聞,
2010.2.27, 朝刊, p.4.

参考文献

柏崎海一郎. 活字の海で：囲碁・将棋の電子出版, 棋譜再生機能に期待. 日本
経済新聞, 2011.05.08, 朝刊, p.19.
長谷川一. 出版と知のメディア論：エディターシップの歴史と再生. みすず書
房, 2003, 378 p.
林紘一郎.「法と経済学」の方法論と著作権への応用. 著作権の法と経済学. 林
紘一郎編. 勁草書房, 2004, p.2-28.
ワインバーガー, デビット. インターネットはいかに知の秩序を変えるのか.
柏野零訳. エナジクス, 2008, 344 p.

図8.6　引用文献・参考文献リストの例

解説：引用文献は、引用した番号順に並べられています。
1）は単行本の一部を引用しています。
2）は「ちくま新書」という叢書名のある図書の一部を引用した例です。
3）「日本図書館情報学会研究委員会」が編集した『学術情報流通と大学図書館』という図
書の中で「小野寺夏生」が書いた「ビブリオメトリックスからみた学術情報流通の現状」
という部分を引用しています。
4）6）雑誌の一論文を引用した例です。
5）「メアリアン・ウルフ」が書いた図書を「小松淳子」が訳した翻訳書です。著者名は姓
名の順に転置しています。
7）署名入りの新聞記事です。
参考文献は、通常著者名の五十音順に配列されています。

（5）書誌事項がわからない場合には

　もし、必要とされる書誌事項が資料や参考文献に書かれていない場合には、わかる範囲で書き写してください。

　必要とする書誌事項のうち、いくつかが欠けていても、目録や書誌で探すことができます。たとえば、図書ならば、図書館のOPACや「国立国会図書館オンライン」（→p.116）などで正確な書誌事項を把握できます。雑誌記事ならば、図書館の雑誌所蔵目録や「国立国会図書館オンライン」『雑誌新聞総かたろぐ』（→p.165）「CiNii Articles」（→p.119）などを利用すると、調べることができます。

　どうしても書誌事項が正確にわからない、どんな資料であるか判断がつかない場合には、遠慮なく図書館員に相談してください。

第9章　レファレンス資料の使い方

　最初から最後まで通読するのではなく、何かを調べるために、必要な時に必要な項目だけを参照するために使う資料を、レファレンス資料と呼んでいます。たとえば、国語辞典や地図帳がその代表例です。通常レファレンス資料は、調べやすいように、各項目が五十音順や体系順に並んでいます。また、調べたい項目にすぐに行きつくよう、巻頭や巻末に事項索引、キーワード索引、人名索引などの索引がつけられています。

　図書館のレファレンス・コーナーには、利用者の問題解決に役立つ、このようなレファレンス資料がたくさん置かれています。レファレンス資料の中には、インターネットを通じて提供されるものもあります。

　本章では、冊子体も、インターネット上の情報やデータベースなどの電子資料も含めてレファレンス資料と呼び、その種類や選び方、使い方を紹介します。

　レファレンス資料を使いこなすには、実際に経験しないと、なかなか身につきません。本章を読んで、レファレンス資料について、だいたいのことが理解できたら、ぜひ図書館のレファレンス・コーナーや情報検索コーナーをのぞいてみてください。あるいは、直接レファレンス・カウンターで、図書館員に相談してみてください。

（1）レファレンス資料の種類

　レファレンス資料には、2つのタイプがあります（図9.1参照）。

　ひとつは、求める情報の存在や内容、所在を探すためのもので、ここでは、このタイプのレファレンス資料を案内型と呼んでおきます。案内型レファレンス資料には、書誌、目録、索引などがあげられます。

　もうひとつのタイプは、求める情報そのものを直接探すためのものです。こうしたレファレンス資料を回答型としておきましょう。回答型レファレンス資料には、事典、辞典、便覧、年鑑などがあります。これらの資料には、調べたいことがらの回答や解説が、直接載っています。

活用編

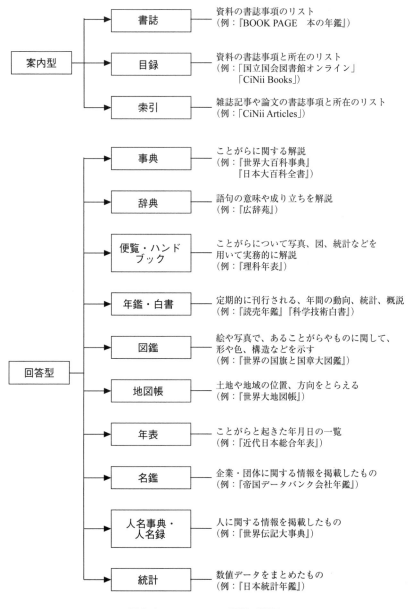

図9.1　レファレンス資料の種類

　以下に、案内型、回答型レファレンス資料の種類を順番に解説し、代表的な資料例を示します。

(2) 案内型レファレンス資料

a. 書誌

　書誌というのは、本や雑誌などの資料やその一部の、書誌事項をリストにしたものです。書誌には、分野を問わず網羅的に収集した一般書誌や、『中島敦書誌』（和泉書院）のようにある特定の人物の作品を網羅した個人書誌、『服飾文献目録』（日外アソシエーツ）のような特定のテーマに関しての文献を集めた主題書誌などいろいろなものがあります。書誌は、資料の存在や書誌事項の確認に利用します。代表的な出版物の書誌には、次のようなものがあります。

BOOKPAGE　本の年鑑　日外アソシエーツ編刊　1988-　年刊

　　前年に刊行された新刊書を、約1,000項目に分類し、書名、著者名、出版社、ページ数、定価などのほか、目次や要旨・あらすじを記載し

（中西豪祐）ほか
2018.3 171p 19x12cm ¥1800 ⓃISBN978-4-908251-06-1

学芸員・ミュージアム

◆集客力を高める　博物館展示論　青木豊著
雄山閣　普及版
【要旨】"驚きと発見"の展示に人は集まる。コレクションと学芸員に出会う、地域の"ふれあい"の場になるための博物館展示の理念とその具体的展示が変われば、博物館は育つ。
2018.6 199p A5 ¥2000 Ⓝ978-4-639-02604-4

◆挑戦する博物館——今、博物館がオモシロイ!
小川義和、五月女賢司編著　（さいたま）ジダイ社
【目次】挑戦する博物館と三つの機能一変化し、見直され、発展する博物館の姿、1部 博物館の魅力再発見（地域の文化を創り、育て、継承する博物館、期談 博物館とつて「実和」とは）、2部 挑戦する博物館（連携による挑戦—Collaboration、博物館教育の挑戦—Education、利用者の視点からの挑戦—Users）、人々は博物館に何を求めているのか—博物館の三つの価値をどう捉えるか
2018.6 319p B6 ¥2000 Ⓝ978-4-909124-17-3

◆博物館学文献目録——全国大学博物館学講座協議会60周年記念　全国大学博物館学講座協議会編　雄山閣　改訂増補版
2018.3 691p A5 ¥2500 Ⓝ978-4-639-02563-4

◆博物館と観光——社会資源としての博物館論
赤木由也 山松浩 益田兵衛 荻介和子編著 ほか

か　2018.5 254p B6 ¥2000 ⓁISBN978-4-88367-279-0

美術館ガイド

◆カフェのある美術館——感動の余韻を味わう
青い日記帳監修　世界文化社
【要旨】海や湖などの水辺でくつろげるカフェ、広大な敷地で作品を楽しめるアートドビレッジのカフェ、本格的な料理が味わえるカフェなど、独特でユニークな空間のカフェなど、全32店を紹介！さらにカフェのある美術館の特徴から、コレクションの概要、ミュージアムショップまで、各美術館のこだわりと魅力がこの1冊でわかる美術館ガイド。コラムには、博物館や文学館のカフェも掲載。
2018.12 142p A5 ¥1600 Ⓝ978-4-418-18257-2

◆企画展だけじゃもったいない日本の美術館めぐり　浦島茂世著　G.B.
【要旨】もっと気軽に美術館へ。代表作品を紹介中！見る、知る、行きたくなる102館。
2018.1 159p A5 ¥1600 Ⓝ978-4-906993-48-2

◆首都圏 名作に出会える美術館案内　オフィス・クリオ著　メイツ出版
【要旨】85の名館が誇る世界の名作、珠玉の逸品。鑑賞のポイントを詳しく解説。作品の見どころや巨匠たちのエピソードなど、読んで訪れて、理解と味わいが深まります。
2018.2 144p A5 ¥1630 Ⓝ978-4-7804-1986-3

◆美術館へ行こう——ときどきおやつ　伊藤まさこ著　新潮社
【要旨】日々のあいまに、旅の途中で、思い立っ

「新訂歴史博物館事典」刊行後にオープンした新設館も含めて275館を収録。外観・館内写真、展示品写真を掲載。巻末に「館名索引」付き。
2018.1 619p A5 ¥3500 Ⓝ978-4-8169-2700-3

◆ものづくり記念館博物館事典 日外アソシエーツ編　日外アソシエーツ、紀伊國屋書店発売
【要旨】全館にアンケート調査を行い、沿革・概要、展示・収蔵、事業、出版物・グッズ、館の一イチ押しなどの最新情報を掲載。地域発祥の産業、企業の製品・技術など、ものづくりに関する博物館・資料館・記念館216館を収録。外観・館内写真、展示品写真を掲載。巻末に「館名索引」「種別索引」付き。
2018.12 477p A5 ¥3500 Ⓝ978-4-8169-2748-5

図9.2　『BOOKPAGE　本の年鑑』の実例

ているので、その本のあらましを知ることができる一般書誌です。索
引がついているので、書名、著者名からも探すことができます（図9.2
参照）。

b. 目録

　目録とは、書誌事項だけでなく、その所在も明らかに示されているも
のをいいます。そこが、書誌と違う点です。第6章で解説した各図書館
のOPACは、最も代表的な目録のひとつです。欲しい資料が、その図書
館にあるかどうか、そのタイトルや著者は誰か、図書館のどの場所に行
けばその資料があるか、その所在を教えてくれるのが目録です。複数の
図書館の所蔵資料を収録した、総合目録といわれる目録もあります。

**国立国会図書館オンライン（国立国会図書館検索・申込オンラインサー
ビス）　1948-　https://ndlonline.ndl.go.jp/#！/**
　明治期以降から現在までの、国立国会図書館（NDL: National Diet
Library）が所蔵している資料や文献の目録で、ネット上で無料公開
されています（図9.3参照）。国立国会図書館は、日本の納本図書館
（→p.23）ですから、市販の資料のみならず、一般に販売されていな
い非売品資料も含め、図書、デジタルコンテンツ、雑誌記事、新聞、
和古書・漢籍、マイクロ資料、電子資料、博士論文など、わが国の出
版物の多くが所蔵されています。そこで、国立国会図書館の所蔵目録
は、国立国会図書館に所蔵されているか否かを調べるだけでなく、わ
が国で出版された資料を網羅的に調べるための、基本的なレファレン
ス資料にもなっています。このサービスは、略称「国立国会図書館オ
ンライン（NDL ONLINE）」といい、2018年からサービスを開始し
ています。入手したい資料がある場合は、国立国会図書館に複写サー
ビスなどの申込みができます。
　なお、この「国立国会図書館オンライン」のデータに加えて、全国の
図書館や各種情報機関などが作成するデータベースも統合的に検索で
きる、「国立国会図書館サーチ」というサービスも別にあります。こ

①検索画面

②検索結果一覧画面

③詳細表示

国立国会図書館請求記号

書名

著者名

出版者

出版年

解説：①検索画面で著者に「手塚治虫」、出版者に「講談社」を入力します。②検索結果一覧画面に検索された図書の件数が表示されます。一覧の中の『38度線上の怪物』をクリックすると、③詳細表示に、詳細な書誌事項と国立国会図書館の請求記号などが表示されます。

図9.3　国立国会図書館オンライン（NDL ONLINE）の実例

れには、都道府県立図書館、政令指定都市立図書館などが所蔵する和書が検索できる総合目録ネットワーク「ゆにかねっと」を含んでいて、全国の主な図書館の所蔵図書も調べられます。

両方のサービスの検索機能や検索結果の表示等には違いがあるので、ヘルプなどをよく見て利用します。

CiNii Books　国立情報学研究所　https://ci.nii.ac.jp/books/

（サイニィ）

国立情報学研究所（NII:National Institute of Informatics）が提供する、無料の総合目録データベースです。ある図書や雑誌が、全国の大学図書館・研究機関など約1,300以上（2019年3月末現在）の機関のどこで所蔵されているかを探すことができる、大学図書館間の相互貸借に欠かせない総合目録です。雑誌は、雑誌名、出版者、創刊年、誌名変遷などの情報と、これを所蔵している機関名、所蔵している巻号、年次が記載されています。所蔵を確認したあと、図書館を通じて雑誌の複写申込をすることができます（→p.194）。

c. 索引

索引とは、ある情報内容を探すために、その情報内容を示す語句を五十音順など一定の順序で配列して、ページや書誌事項などその情報内容の所在を記述したものをいいます。索引には、本書の巻末にある索引のように、一冊の資料の内容を探す索引と、さまざまな資料に収録されている情報内容を探す索引があります。後者の代表的な種類が、雑誌記事索引です。ここでは、雑誌記事索引を取り上げて説明します。

雑誌記事索引は、目録が資料単位で所在を示すのに対して、雑誌記事や会議資料などに収録された一つ一つの記事論文を対象にして、その書誌事項をリストしています。雑誌記事索引には、医学・薬学など特定の分野の索引も数多くありますが、総合的な索引には、次のようなものがあります。

CiNii Articles　国立情報学研究所　https://ci.nii.ac.jp/

サイニィ

わが国の全分野の学術論文約2,150万件（2019年3月末現在）を収録
している無料のデータベースです。国立国会図書館の「雑誌記事索引」
や、学協会刊行物、大学紀要などのデータを統合しており、国内の学
術論文を検索するのに便利です（図9.4参照）。論文を検索し、書誌
事項や抄録を表示するだけでなく、論文本文を閲覧できるサイトにリ
ンクが張られているのが特徴です。パソコン画面で閲覧できない場合
は、「CiNii Books」を用いて所蔵館を探すことができます（→p.194）。
なお、国立国会図書館の「雑誌記事索引」とは、国立国会図書館に納
本された雑誌を対象とした、わが国最大の雑誌記事索引データベース
で、「国立国会図書館オンライン」（→p.116）で検索できます。また、
この国立国会図書館の「雑誌記事索引」は、「magazineplus」（→p.167）
にもデータが提供されています。

　案内型レファレンス資料は、あるテーマに関して、どのような資料が
あるか、どこにその資料があるかを示してくれるタイプですから、一般
的には、これを探しても直接欲しい情報の回答が得られるわけではあり
ません。欲しい情報を入手するには、その資料を探して、さらにその資
料を読むことになります。

　また、案内型レファレンス資料は、上記のように、インターネット上
に公開されているものが多くなってきました。このようなインターネッ
ト上に公開されている案内型レファレンス資料の使い方については、
第6章 OPACのしくみと探し方（→p.70）、第10章 情報検索のしかた
（→p.175）で詳しく説明しています。

　なお、案内型レファレンス資料の、書誌、目録、雑誌記事索引の名称
は、混在して使用されている場合があります。たとえば、書誌であって
も、書名は「○○○目録」や「○○○索引」などのタイトルがつけられ
ていることがあります。書名に惑わされないようにしてください。

活用編

①検索画面

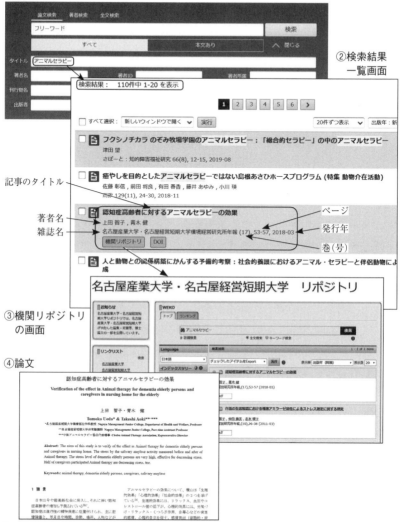

②検索結果
一覧画面

記事のタイトル

著者名
雑誌名
ページ
発行年
巻（号）

③機関リポジトリ
の画面

④論文

名古屋産業大学・名古屋経営短期大学　リポジトリ

解説：①検索画面のタイトルに「アニマルセラピー」と入力します。②検索結果一覧画面に、タイトルに「アニマルセラピー」を含んだ雑誌論文の件数と、それらの書誌事項の一覧が表示されます。上から3番目の「認知症高齢者に対するアニマルセラピーの効果」という論文には、「機関リポジトリ」のボタンがあります。このボタンをクリックすると、③この雑誌の出版者の名古屋産業大学・名古屋経営短期大学リポジトリのページに飛び、④論文を入手することができます。

図9.4　「CiNii Articles」の実例

（3）回答型レファレンス資料

a. 事典

　事典は、あることがらについて知るためには、たいへん便利な回答型レファレンス資料です。私たちが疑問に思うことは、あることがらや物について、その成り立ちやいわれ、意味、歴史、種類、構造、現象、数量、形態などの説明を求めることが多いのではないかと思います。事典は、こうした私たちの疑問の多くに答えてくれるものです。

　事典の中でも百科事典は、「百科」ですから、まさに人間の知識のすべてを網羅しています。百科事典は、いろいろな分野のことがらの一般的な学説や定説を知り、おおづかみに物事の全体像をとらえるのに適しています。一度百科事典をひくことを覚えたら、やみつきになるほど、知識の宝庫といってよいでしょう。自分に不案内な、何かわからないことがあったら、まず百科事典を調べて、だいたいの知識を得ることはたいへん有効です。

　しかしながら、専門的なことがらを詳細に知りたい場合には、百科事典では物足りません。そういう場合には、『国史大事典』（吉川弘文館）、『日本音楽大事典』（平凡社）など、専門分野のことがらに関して解説された専門事典が便利です。ここでは、特に個々の専門事典をあげませんが、興味のある方は図書館のレファレンス・コーナーをのぞいてみてください。実にさまざまな専門事典が刊行されていることに驚かされます。

世界大百科事典　改訂新版　平凡社　2007　34冊

　日本の代表的な百科事典のひとつで、2007年に改訂新版が出版されています（図9.5参照）。第1巻から30巻は、五十音順に項目が配列

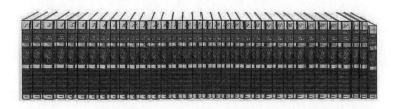

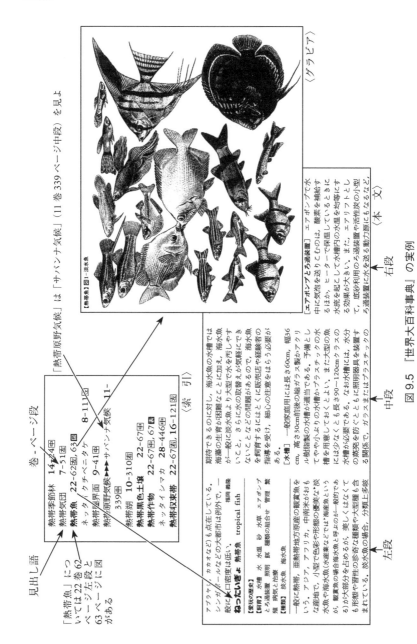

〈グラビア〉

「熱帯雨野気候」は「サバンナ気候」(11巻339ページ中段) を見よ

[熱帯魚] 図1—淡水魚

〈本文〉

[世界大百科事典] エアポンプとろ過装置　エアポンプは水中に気泡を送り込むのは、酸素を補給するほか、ヒーターで保温している水温を均等にする効果が大きい。また、エアリフトとして、底砂利用のろ過装置や活性炭の小型ろ過装置に水を送る動力源にもなるなど、

右段

中段

[水槽]　一般家庭用には長さ60cm、幅36cm、高さ30cm前後の枠付きガラス製かプラスチック製の水槽が適当である。予備として二やや小ぶりの水槽やプラスチックの水槽を用意しておくとよい。また大型の魚には少なくとも長さ90～120cmクラスの水槽が必要である。大きい水槽には、水分の蒸発を防ぐとともに照明器具と装置する関係で、ガラスまたはプラスチックの

期待できるのに対し、海水魚の水槽では海藻の生育が困難なことに加え、海水魚は一般に淡水魚より大型で水を汚れやすいことと、さらに水の取替えが気難ぶにできないことなどの問題があるので、海水魚を飼育するにはとくに販売元や経験者の指導を受け、細心の注意をはらう必要がある。

ねったいぎょ　熱帯魚 tropical fish
福田 勝隆

[英字]　水族館　水　水温　砂　水草　餌　種類の組合せ　管理　繁殖　病気と治療
[種類]　淡水魚　海水魚

一般に熱帯、亜熱帯地方原産の観賞魚をいう。アジア、アフリカ、中南米がおもな産地で、小型で色彩や形態の優美なものを熱帯魚という。観賞魚の場合海水魚と呼ばれるのが一般的であるが大部分を占めるが、美しくはなくても形態や習性の珍奇な種類や大型種も含まれている。淡水魚の場合、分類上多彩

〈索引〉

左段

見出し語

巻—ページ・段

熱帯季節林　14巻24中
熱帯気団　7-51左
熱帯魚　22-62右　63図
ネッタイベニオタケ　8-111左
熱帯雨界面　9-41中
熱帯雨野気候▶▶▶サバンナ気候　11-339中

熱帯湖　10-310右
熱帯黒色土壌　22-67中
熱帯作物　22-67中、67左
ネッタイシマカ　28-446中
熱帯収束帯　22-67左、16-121右

「熱帯」はカカオなども点在している。
シンガポールなどの大都市は例外で、一般に人口密度は低い。

「熱帯魚」については22巻62ページ左段と63ページ左段に図がある

図 9.5　『世界大百科事典』の実例

され、詳細な解説がなされています。31巻は索引で、本巻の見出し項目以外からでも、ことがらを探すことができます。各項目には、参考文献はありません。本編のほかに、日本地図、世界地図、百科便覧がついています。

日本大百科全書　2版　小学館　1994-1997　26冊

日本の風土・文化・地方に力点をおいて、世界のあらゆる分野のことがら約13万項目を五十音順に配列し、写真や図表、地図などを多く用いて、平易に解説しています（図9.8参照→p.135）。「泳ぐ」「動く」などの動詞の項目も収録しています。必要に応じ、参考文献を項目末に掲載しています。25巻は索引で、26巻の補巻が1997年に出版されています。

　このように便利な事典ですが、改訂が頻繁に行われませんから、最近発見されたことがらや新しい物事について調べるには適していません。こうした新しい事象については、年刊の年鑑・白書などや、信頼できるインターネット上の情報を利用します。

　なお、事典・辞典を集めて横断的に検索できるサイトとして、次のようなものがあります。ただし、冊子体と同名の電子版が収録されていても、図や写真がなかったり、内容が異なる場合があるので、注意してください。

ジャパンナレッジ（JapanKnowledge）　ネットアドバンス社　（有料）

　『日本大百科全書』や『世界大百科事典』など65種以上（2019年11月参照）の事典や辞典を収録し、横断検索して全文を閲覧できる辞書・事典検索サイトです。有料のサイトですが、契約により利用できる図書館もあります。『日本大百科全書』や『世界大百科事典』は、冊子体を底本に改訂されたデータ内容が含まれていて、詳細な検索が可能です。

　上記のような検索サイトは、複数の事典や辞典を横断的、多角的、か

つ迅速に検索できて便利です。しかし、実際に特定のことがらや用語について調査を行うと、こうしたサイトだけでは調べられないことが数多くあります。

それは、特定の専門分野の事典や辞典は、非常に多くの種類が刊行されていて、それらがすべて電子化され、収録されているわけではないからです。それに対して、図書館には冊子体ではありますが、多種類のレファレンス資料が数多く所蔵されています。

また、横断検索サイトは、それぞれの事典や辞典の文章に現れた文字を検索するので、不要な情報が多く検索されたり、必要な情報が漏れたりすることがあります。

インターネット上の横断検索サイトも、レファレンス資料のひとつと位置付けて、冊子体のレファレンス資料と上手に組み合わせて利用してください。

b. 辞典

辞典、辞書というのは、主に語句の意味や成り立ちを解説した、レファレンス資料です。国語辞典、外国語辞典のほか類義語辞典などさまざまなものがあります。日常語を調べる代表的な辞典を紹介します。

広辞苑　第7版　新村出編　岩波書店　2018　3216p.
現代人の言語生活に必要なことば約25万語を幅広く収録し、その意味や用例などを調べることができます。一般に使用されている語のほか、専門用語、外来語、俗語、方言、古語、述語、動植物名、地名、人名、季語、さらには「炎上」「婚活」「LGBT」などの新語や現代用語なども含まれています。別冊付録には、「漢字小辞典」「アルファベット略語一覧」などが収録されています。とりあえず、日常のことばならば、これを調べてみてください。電子辞典も出版されています。

c. 便覧・ハンドブック

　便覧とかハンドブックというのも、よく聞きますが、これらもあることがらを調べるためのレファレンス資料です。事典とちがって、各項目は、五十音順ではなく、その学問分野の体系にしたがって配列され、図や統計、写真などを豊富に使って、実務的な解説をしています。事典と区別のつかないものもありますが、事典に比べると、比較的ハンディで、専門分野に限定したものが多くなっています。マニュアル、データブックと言われるものもこの範疇にはいります。

　便覧は『化学便覧』（丸善）『電気工学ハンドブック』（オーム社）のように、たいてい、特定の分野に限定されて出版されます。代表的な便覧をあげておきましょう。

理科年表　国立天文台編　丸善　1925-　年刊

「世界の気温の月別平均値」「年次別・年齢別・性別平均体位」など身近なデータや、「元素の周期表」「温室効果ガス排出量」「日本の活火山に関する噴火記録」など暦、天文、気象、物理、化学、地学、生物、環境分野の主なデータや図表を収録しています。科学分野の代表的なデータブックで、幅広く活用されています。創刊号から最新版まで収録したWeb版「理科年表プレミアム」（有料）もあります。

d. 年鑑・白書

　年鑑、白書などは、定期的に刊行されるレファレンス資料です。これらは、その分野や業界の1年間の動向、統計、年表、トピックなどをまとめて解説したもので、新しい出来事や情報、経過を調べるのに利用します。

　白書は、中央官庁が編集する政府刊行物で、政治、経済、社会の現状や政府の施策を知ることができ、たいていは毎年発行されます。その他にも、地方公共団体が発行する白書や、民間の研究機関や団体が編集・

発行する『インターネット白書』(インプレスR&D)や『レジャー白書』(日本生産性本部)など、民間白書と呼ばれるものもあります。

　ここでは、代表的な年鑑と白書を紹介します。なお、政府の年鑑・白書は、各省庁のホームページや「e-Stat(政府統計の総合窓口)」(→ p. 161)から検索し入手できます。

読売年鑑　読売新聞社　1946-　年刊

　前年のニュースや出来事、人、記録、データなどをまとめた総合年鑑です。2019年版では、重要日誌、語録、政治、経済、国際、社会、科学、文化、スポーツ、データ要録などの各項目にわけて、ニュースや情報を収録しています。後半に約1万2千人の分野別人名録がついていて、現在活躍中の人物を調べることもできます。

科学技術白書　文部科学省編　財務省印刷局　1958-　年刊

　毎年、わが国の科学技術活動の現状や課題、動向、施策などを、各種のデータを用いながら考察しています。2019年版では、知識集約型社会を背景に、科学技術において重要性が増している基礎研究の価値や技術などについて紹介しています。この白書も、文部科学省のホームページから入手可能です。

e.　図鑑

　図鑑は、あるものやことがらに関して、絵や写真でその形や色、構造などを示してくれるレファレンス資料です。児童向けの学習図鑑の中にも、大人の図鑑として利用できるものが数多くあります。児童向けの学習図鑑は、たいてい児童書コーナーにあり、レファレンス・コーナーにはありませんが、初歩的なことがらを知るのでしたら、活字も大きく、情報量も少ない、絵や写真の豊富な、児童向けの図鑑にも目を向けることをお勧めします。

世界の国旗と国章大図鑑　5訂版　苅安望編著　平凡
社　2018　120p.

　世界195ヶ国の国旗と国章を、その由来や歴史、制
定年月日などの解説と共に示したカラー図鑑です。
国旗は、各国が独自に定めた正確な比率で示されて
います。

f.　地図・地図帳

　地図や地図帳は、ある特定の地域の位置や方向などを、視覚的にとら
えるために有効な資料で、私たちに馴染み深いレファレンス資料のひと
つです。「Googleマップ」などネット上の地図も日常的に便利ですが、
図書館には、一般的な地形や住宅地図、交通地図のほかにも、歴史地図、
海図、気候図、古地図などさまざまな目的をもった地図が所蔵されてい
ます。また、1枚ごとの地図と、綴られて編集された地図帳の形態があ
ります。

世界大地図帳　7訂版　平凡社　2015　356p.
　世界各国図、部分拡大図、64の主要都市図、市街図などを主体とし
て、海底地形図や世界遺産地図などが収録されています。巻末には欧
文と和文の地名索引があり、地名から地図上の所在を探すことができ
ます。

g.　年表

　年表は、ことがらや事件などとその起きた年月日を、年代順に一覧で
きるように、表であらわしたレファレンス資料です。ある特定の年代や
年月日から、その時期にどのようなことがらが起こったかを知りたいと
きに利用されます。たいていは、巻末に事項索引や人名索引が付いてい
ますから、特定のことがらや人名から、関連する事項の年月日を探すこ
とができます。

近代日本総合年表　第4版　岩波書店編集部編　岩波書店　2001　807p.

ペリー提督が開港を迫った1853年から2000年までのできごとを、(1) 政治 (2) 経済 (3) 社会 (4) 学術 (5) 芸術 (6) 国外の6つの柱でわけ、年月日順に並列して概観することができます。巻末には、キーワード索引があります。たとえば、索引で「千代の富士」をひくと、1981年7月21日に横綱に昇進して、同じ年の7月7日には、はじめて広告付きはがきが35円で発売されたことが調べられます。

h. 名鑑

名鑑とは、企業、団体、機関などの住所や電話番号、設立目的、役員、資本金、経営情報などを記載したレファレンス資料で、企業の概要を知ることができるものをいいます。人名鑑と区別して、団体名鑑、機関名鑑とも言います。体系的に配列されたものや、五十音順に並べられたものなどがありますが、見出しは機関名ですから、通常は機関名からしか調べることができません。

```
98-999995-6
帝国テクノツール株式会社
TEIKOKU TECHNO TOOL CO.,LTD.
〒104-0041
東京都中央区新富1-12-2 TKビル3階
☎03-5540-1309
(登記)東京都港区南青山2-5-20
【URL】http://www.teikoku-technotool.com/
【事業内容】精密切削工具，機械部品
　製造・販売
【設　立】昭和12年4月
【資本金】4億円
【役　員】(代長)志水　和正
(代専)青山　政雄 (常)岩井　竜一
(※取)横山三四郎 (取)川口　行夫
(※取)渡辺　　茂 (取)小宮　　慶
(※監)小林　保雄 (監)岩井久美子
【株　主】10名
　帝国ホールディングス 5,600,000株
　岩井　竜一　　　1,200,000株
　岩井　久美子　　　500,000株
　岩井　智美　　　　250,000株
　志水　和正　　　　200,000株
　青山　政雄　　　　200,000株
【従業員】175名
【取引銀行】みずほ(東京中央)，三井住友
　(築地)，三菱UFJ(新富町)
【事業所】4ヵ所
　新潟市，大阪市，福岡市，東京都豊島区
【仕入先】日進綱機，藤木製作所，
　日吉鋼材，八木上鉄鋼所
【販売先】ダイヤモンド工業，青山
　自動車，大水エンジニアリング
【系　列】帝国ホールディングス
〔決算〕　売上高(百万)　純利益(千円)
29. 9　　　4,584　　　　18,541
30. 9　　　4,882　　　　22,169
 1. 9　　　4,950　　　　19,128
S R 〔354-41〕1092-97　213-24
```

図9.6　『帝国データバンク会社年鑑』の掲載例

帝国データバンク会社年鑑　帝国データバンク編刊　1912-　年刊

日本全国約14万社の有力企業を、都道府県によって区分し、企業名

の五十音順に配列しています。所在地、事業内容、役員、株主、資本金、取引先など23項目を記載しています。東日本編（Ⅰ、Ⅱ）と西日本編（Ⅰ、Ⅱ）の4分冊と、別冊に五十音順索引と業種別索引がついています（図9.6参照）。

i.　人名事典、人名録

人名事典あるいは人名録、人名鑑などと呼ばれるレファレンス資料は、人物の姓名、生年月日、略歴、業績、著作などを調べる資料です。なかには、著作だけではなく、その人物に関する文献を記載したものや、その人物の詳しい伝記的な解説をしたものもあります。人名がキーワードになっていますから、姓名から探すことになります。

人名事典や人名録にもさまざまなものがありますが、代表的なものをあげてみましょう。

世界伝記大事典　ほるぷ出版　1978-1981　18冊（日本・朝鮮・中国編5冊、世界編12冊、総合索引1冊）

マグローヒルの『エンサイクロペディア・オブ・ワールド・バイオグラフィー』を増補改訂した伝記大事典です。日本・朝鮮・中国編は約1,200項目、世界編は約4,300項目と、項目数は少ないですが、各項目についてていねいな解説がなされているのと、肖像写真や肖像画を多く収録しているのが特徴です。

j.　統計

統計は、数値データを得るために必要なレファレンス資料です。統計には、官公庁や民間機関などで業務上作成された業務統計と、アンケートなどで調査された調査統計があります。これらの一次統計が、さらに転載・編集されて多くの資料に掲載され、二次統計となります。ここでは、定期的に発行される、総合的で代表的な二次統計資料を紹介します。

活用編

日本統計年鑑　総務省統計研修所編　総務省統計局　1949-　年刊

わが国の官公庁や民間調査機関が作成している、地理、人口、社会、経済、産業、教育、文化などにおける主要な統計および国際統計を30の章に分け、総合的かつ体系的に収録した基本的な統計資料です（図9.7参照）。各章の冒頭には、統計の目的や対象、用語の定義などについて解説があり、各統計には出典が示されています。総務省統計局のホームページや「e-Stat」（→p.161）から最新版を入手できます。

25-29　日本の大学に在籍する外国人学生数（平成17〜30年）
Foreign Students Enrolled in Universities in Japan (2005 to 2018)

「学校基本調査」による。5月1日現在。
Data are based on the School Basic Survey. As of 1 May.

年次	Year	大学 Universities	#留学生 Foreign students	大学院 Graduate schools	#留学生 Foreign students	短期大学 Junior colleges	#私費留学生 Self-paying students 1)
平成17年	2005	69,480	60,486	31,282	29,910	3,665	3,073
22	2010	79,745	69,470	40,875	38,649	2,462	2,100
27	2015	77,739	66,372	43,398	41,068	1,776	1,488
28	2016	80,393	69,070	45,566	43,019	1,808	1,507
29	2017	87,198	75,576	48,606	46,028	2,201	1,885
30	2018	**94,973**	**83,030**	**52,437**	**49,573**	**2,701**	**2,365**
男	Male	50,729	44,460	26,685	25,103	1,350	1,280
女	Female	44,244	38,570	25,752	24,470	1,351	1,085

1) 自費による者のほか，都道府県又は本国から奨学金を支給されている私費留学生。
1) Referring to foreign students who are awarded scholarship by Japanese local governments or their home countries, in addition to self-paying students.
資料　文部科学省「学校基本調査(高等教育機関)」
Source: Ministry of Education, Culture, Sports, Science and Technology.

図9.7　『第69回 日本統計年鑑』の実例

　以上のようなレファレンス資料を調べることによって、あるテーマに関して、直接回答を得たり、資料を探すことができるのです。

(4) レファレンス資料の選び方

　図書館のレファレンス・コーナーには、紹介した代表的なレファレン

ス資料のほかにも、たくさんのレファレンス資料があります。国語辞典
ひとつとってみても、何巻にもおよぶ大部なものから、ハンディなもの
まで、幾種類もの辞典が並んでいます。この中で、どのレファレンス資
料を選んだらよいのでしょうか。あなたの求める情報にふさわしいレ
ファレンス資料を選ぶポイントをお話しします。この選ぶポイントは、
基本的にはインターネット上に公開されているレファレンス資料でも同
じです。しかし、電子媒体に特有のポイントもありますので、インター
ネット上のレファレンス資料については、第10章（2）インターネット
情報資源の選び方（→p.180）も見てください。

　レファレンス資料を選ぶには、巻頭に書かれている「序文」、「凡例」、「使
い方」などを参考にします。ここには、そのレファレンス資料の編集目
的や特徴、範囲、構成、利用のしかたが詳しく述べられています。中に
は「序文」、「凡例」、「使い方」などの説明が不十分なものがあります。
このようなレファレンス資料は、あまり優れたものではないと言ってい
いでしょう。

a.　目的にあったレベルや内容の資料を選ぶ

　レファレンス資料には、その分野に明るくない人でも使える、平易に
書かれた一般的総合的なものから、詳細な説明がされている専門的なも
のまで、さまざまなレベルのものがあります。

　もし、あなたが、あることがらについて、てっとり早く概略を知りた
いならば、専門家向けの何ページにもわたる詳細な説明は必要ないはず
です。反対に、詳しく知りたいのに、ほんの数行で説明が終わっていて
は、用が足りません。専門事典では、専門用語が難しく、調べたいこと
がらの全体像が把握できない場合は、かえって児童向きや学習用の事典
や、図鑑のようなものが適しているときがあります。

　また、同じ種類のレファレンス資料でも、収録範囲や記述内容が違い
ます。人物を調べる場合では、著名人を対象とした総合的な人名事典に
出ていなくても、ある業界やある分野の人名事典には、詳細に出ている
ことがあります。地図を探す場合でも、日本全土の地形地図には載って

いないけれども、住宅地図には載っていることがあります。国語辞典でも、語源や出典が詳しく載っているものと、単に意味だけが説明されているものがあります。

　そのレファレンス資料は、あなたの目的にあっていますか。

b.　新しい出版年の資料を選ぶ

　あなたが手に取ったレファレンス資料の表紙や奥付（→p.104）を見てください。調べる内容にもよりますが、一般的には、できるだけ新しい発行年月日の資料を使うことを心がけてください。特に、所蔵目録、雑誌記事索引、書誌などの案内型レファレンス資料や、年鑑、白書など定期的に刊行されるレファレンス資料は、最新刊の資料を使ってください。政府刊行物は、各省庁のインターネットサイトの方が、早く公開される場合もあります。

c.　索引が使いやすい資料を選ぶ

　レファレンス資料には、通常索引がついています。それらの索引は、いろいろな観点や側面から探せるようになっていますか。あなたがひこうとしていることがら、たとえばキーワードとか機関名、人名などから探せますか。索引は、利用しやすく配列されていますか。索引には、採用している見出し語への参照や関連する項目への参照（→p.134）がついていますか。

　レファレンス資料によっては、索引に代る詳細な目次がついている場合もあります。その目次の体系は同様にひきやすいですか。

d.　参考文献のついている資料を選ぶ

　レファレンス資料だけで、調べたいことがらのすべてを把握できるとは限りません。レファレンス資料は、どちらかというと、ことがらの全体像をとらえたり、簡潔に解説されたものが多く、もっと深く専門的に知りたい人にとっては不満足になりがちです。このような時に役立つのが、レファレンス資料の各項目や巻末に示されている、参考文献リスト

（図9.10→p.136）です。

　残念ながら、わが国のレファレンス資料には、参考文献のついている
ものが少ないのが現状です。しかし、できるだけ、さらに深い調査を行
うための文献を得られる、参考文献が付いているものを選びましょう。

e.　良く知っていることがらをひいてみる

　実際的な選択の方法としては、そのレファレンス資料で、具体的に、
あなたの良く知っている人物、事件、あなたの興味のあることがらやこ
とば、あなたの住んでいる町や市などについて調べてみることです。そ
うすれば、そのレファレンス資料の記述が新しいか古いか、どのくらい
詳しいか、記述にどんな特色があるかが、だいたいわかります。

　次に、その良く知っていることがらを、索引からひいてみましょう。
その索引や参照が、どのくらい丁寧につくられているかもわかります。

　このような点に注意して、たくさんあるレファレンス資料の中から、
あなたにふさわしいものを選んでください。1冊で不満足であったら、
別のレファレンス資料を探しましょう。一般的なレファレンス資料で不
十分ならば、さらに専門的なものも利用してみてください。

　もし、どのレファレンス資料がよいかわからなかったら、図書館員に
聞いてください。

（5）正しいレファレンス資料の使い方

　レファレンス資料は、普通五十音順か体系順に項目が並んでいます。
ですから、レファレンス資料を使う場合には、目次を見るか、国語辞典
と同じように、調べたい項目を直接本文から探せばいいと思っていませ
んか。

　たとえそのような方法で、あなたの調べたい項目が、本文の見出し語
の中から見つかったとしても、そこだけの情報で満足しては、レファレ
ンス資料を正しく使ったとは言えません。また逆に、あなたの探したい

項目が、目次や本文の見出し語になかったからといって、そのレファレンス資料には出ていないと、あきらめることはありません。

　ここでは、正しいレファレンス資料の使い方について述べます。なお、図書館のOPACの使い方は第6章（→p.70）、キーワードの見つけ方は第7章（→p.89）、情報検索については第10章（→p.175）を参考にしてください。

a. 索引を使え

　レファレンス資料を使う場合には、まず索引をひきます。

　たとえば、『日本大百科全書』（→p.123）で、「パリ」を調べようとして、第19巻「は」のところを探すと、本文の見出し語として確かに「パリ」があります（図9.8右上参照）。

　しかし、第25巻の索引（図9.8左上）で「パリ」をひいてみると、第19巻のその項目のほかにも、「オスマン, G」「温帯気候」「グラン・ブールバール」など実に12か所にパリに関する記述があることがわかります。中には、パリの下水道や紋章の記述やカラー写真もあり、さまざまな観点から、パリについて知ることができるようになっています。

　レファレンス資料の索引は、複数の巻号がある場合には、巻数とその該当するページ数、そして時によっては、そのページのどの段にあるかを示しています。図9.8の索引で「→下水道⑧176D写」というのは、第8巻の176ページの4段目の「下水道」という見出し語の記述の中に、パリに関する内容が写真とともにあることを示しています。『日本大百科全書』は、1ページが縦4段で組まれているので、上からA、B、C、Dと記号が振られています。あるいは、左、中、右というように表示される場合もあります（図9.5参照→p.122）。

b. 「を見よ」「をも見よ」を探せ

　本文や索引の見出し語を見ると、「を見よ」とか「→」「see」「を参照」といった印がついていて、他の項目を案内している場合があります。これを「を見よ」参照といいます。

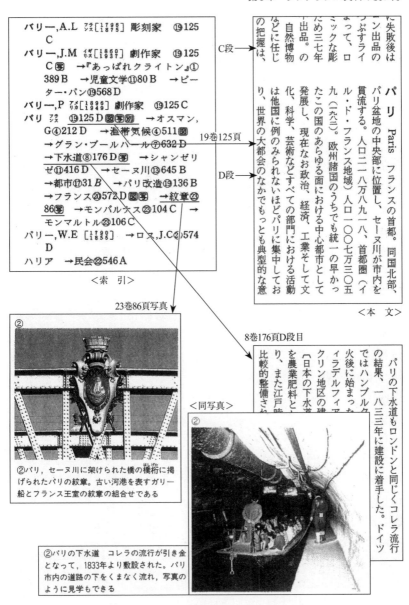

図9.8　事典のひきかた

たとえば、「カナカナ」について調べたいと、『日本大百科全書』の第5巻で「か」をひいても、残念ながら「カナカナ」という項目はありません。普通はここで、「カナカナ」はでていないと思います。ところが、索引をひくと、「カナカナ　⇨ヒグラシ」と記述され、「カナカナ」は「ヒグラシ」を見よと指示されています（図9.9参照）。これが「を見よ」参照です。そこで、索引で「ヒグラシ」をあらためてひくと、「ヒグラシ［蜩］＜カナカナ＞」と見出し語があり、そのページが示されています。

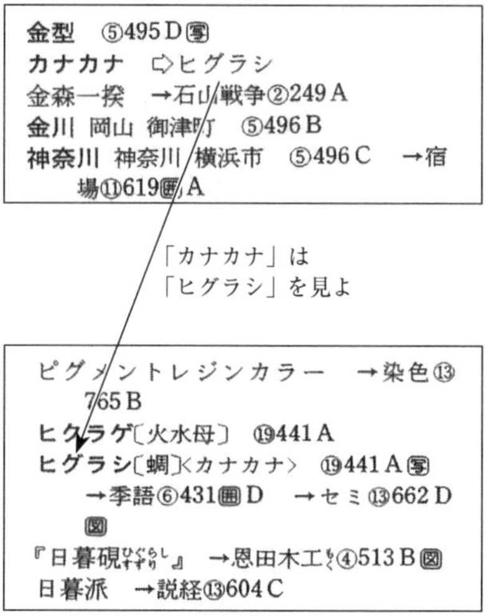

また、本文や索引の見出し語の最後に「をも見よ」とか「⇒」「see also」「をも参照」といった案内がしてあることにも気が付くでしょう。

たとえば、図9.10の「ケース・スタディ」という項目では、本文の最後に「→社会調査」という見出し語が示されています。これは、「ケース・スタディ」についてさらに理解を深めるためには、「社会調査」の見出し語もひくとよい、ということを示してくれているのです。これを「をも見よ」参照といいます。

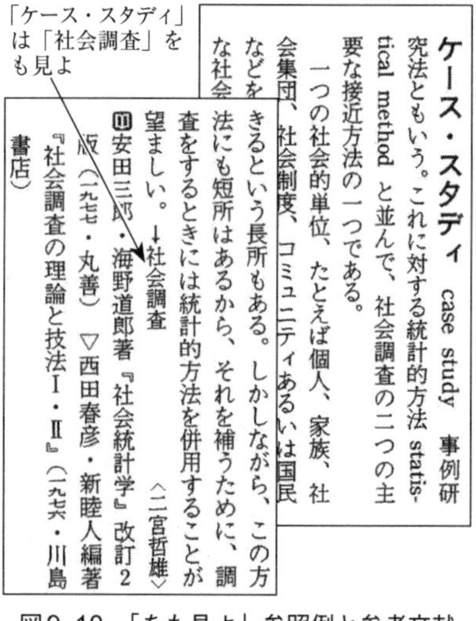

金型　⑤495D図
カナカナ　⇨ヒグラシ
金森一揆　→石山戦争②249A
金川　岡山　御津町　⑤496B
神奈川　神奈川　横浜市　⑤496C　→宿場⑪619図A

「カナカナ」は「ヒグラシ」を見よ

ピグメントレジンカラー　→染色⑬765B
ヒグラゲ〔火水母〕　⑲441A
ヒグラシ〔蜩〕＜カナカナ＞　⑲441A図　→季語⑥431図D　→セミ⑬662D図
『日暮硯』　→恩田木工④513B図
日暮派　→説経⑬604C

図9.9　「を見よ」参照例

図9.10　「をも見よ」参照例と参考文献

【図9.8～9.10】「下水道」「ケース・スタディ」「パリ」「紋章」「カナカナ（索引）」「ヒグラシ（索引）」（以上、小学館『日本大百科全書（ニッポニカ）』より）

時には、はじめにひいた項目よりも、参照で示された項目の方が目的

にあった内容であることもあります。

　レファレンス資料では、参照をたどることによって、それぞれのことがらの関連性を理解し、より確実で幅広い知識を得ることができます。本文や索引をひく際には見落とさないよう、参照の指示のある項目も読んでみてください。

c.　必ず複数のレファレンス資料を使用する

　同じことがらやことばを調べても、レファレンス資料の編集の立場や方針によって、記述のしかたが異なることがあります。統計では、統計のとりかたや処理のしかたによって、データが異なる場合もでてきます。人名事典では、生年月日や姓名の読みかたが違う場合もあります。

　冊子体でもインターネット上のレファレンス資料でも、1つの情報源で答えを得られたからといって調査を終わらせないで、必ず複数のレファレンス資料を調べて比較し、信頼性のある情報を得ることが重要です。

d.　「凡例」、「利用のしかた」を読む

　レファレンス資料を使っていると、書かれている略語や記号、記述の意味や、配列の規則が理解できないことがあります。レファレンス資料で使用される、これらの意味や規則は、普通巻頭の「凡例」、「利用のしかた」などに必ず書かれています。不明な略語や記号などがでてきたら、これらを読んでください。

　本当は、レファレンス資料を使う前に、「凡例」や「利用のしかた」を読んで、使い方を把握しておく方が、間違いが少なくてすみます。けれども、一般的には「凡例」を読むより先に、索引を手にすることの方が多いと思います。わからなくなったら、改めて「凡例」を読むという方が実際的でしょう。

e.　参考文献で更に深く知る

　レファレンス資料に書かれているのは、通常その項目の簡潔な概説が

多くなっています。いわゆる入門的な知識にすぎません。そこで、さらに詳しいことを知りたい場合は、その項目の最後の参考文献に紹介されている、専門分野の一般図書や雑誌論文にあたるのが近道です。

図9.10（→p.136）では、「ケース・スタディ」の本文の最後に、参考文献がリストされています。

この参考文献を書き写すかコピーして、その文献を探して読んでください。これらの文献を入手するには、記載されている書誌事項を読み取り（→p.110）、まずあなたの図書館のOPACから探してください（→p.76）。

(6) 調査タイプ別レファレンス資料

ここでは、基本的にどんな調査には、どのような種類のレファレンス資料が適しているかを図にしました（図9.11参照）。これは、あくまでも一般的なガイドラインです。求める情報によっては、これらとは異なる種類のレファレンス資料が適していることも、当然あります。

ともかく、なんだか良くわからないことがらや、一般的な知識を得たい場合は、まず百科事典をひくことをすすめます。百科事典は万能ではありませんが、ごく最近のことがらや専門的な知識を除いて、驚くほど広範囲の知識を提供してくれます。もちろん、調べる分野がはっきりわかっている場合や、専門的知識を得たい場合には、専門事典から始める方が効率的です。また、統計や写真、最近のことがらを調べたいなどの場合には、図で示したように統計、図鑑、年鑑などの適切なレファレンス資料を調べます。児童向けのレファレンス資料にも、大人の調査にも十分使える良い資料がありますから、児童書コーナーものぞいてみてください。

次項（7）から（12）では、調査の内容によって、どんなレファレンス資料を使ったらいいか、具体的な書名をあげて解説をします。

あなたは、これらをすべて覚える必要はありません。必要な時にこれを参考にして、図書館のレファレンス・コーナーや情報検索コーナーで、

欲しい情報を探してください。調査を繰り返すうちに、良く利用するレファレンス資料は、あなたにとって国語辞典や英和辞典のような存在になるはずです。

　ここに紹介するのは、多くの図書館に所蔵され、評価の定まった、一般的なことがらを調べるための、代表的なレファレンス資料です。それ

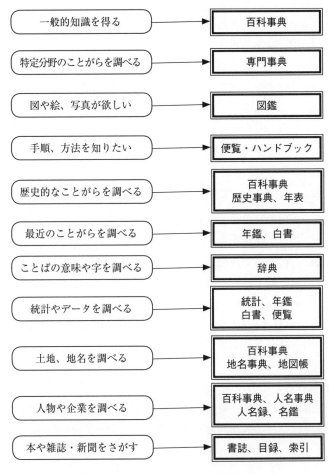

一般的知識を得る　→　百科事典

特定分野のことがらを調べる　→　専門事典

図や絵、写真が欲しい　→　図鑑

手順、方法を知りたい　→　便覧・ハンドブック

歴史的なことがらを調べる　→　百科事典　歴史事典、年表

最近のことがらを調べる　→　年鑑、白書

ことばの意味や字を調べる　→　辞典

統計やデータを調べる　→　統計、年鑑　白書、便覧

土地、地名を調べる　→　百科事典　地名事典、地図帳

人物や企業を調べる　→　百科事典、人名事典　人名録、名鑑

本や雑誌・新聞をさがす　→　書誌、目録、索引

図9.11　調査タイプ別レファレンス資料

も日本語を中心として、現代社会に必要なことがらを調べることを主にしています。あなたの図書館には、ここに紹介するレファレンス資料がなかったり、あるいは、もっと優れた他の資料があるかも知れません。新しい、より良いレファレンス資料も次々と刊行されています。

インターネット上にもレファレンス資料が公開されています。インターネットの方が、情報が新しく、検索しやすかったり、使いやすい場合があります。一方で、インターネット上のレファレンス資料は、冊子体のレファレンス資料より種類が少なく、一覧性に欠けるためかえって探しにくい場合もあります。

適切なレファレンス資料が探せなかったり、ここで紹介したレファレンス資料を調べても、満足のいく回答が得られなかったら、図書館員に遠慮なく聞いてください。

（7）ことばの意味やよみを調べる

「唯我独尊とはどういう意味か」「魚へんに冬と書いて何とよむか」「JISとは何の略か？」このようなことばのよみや意味、漢字などについて調べるには、各種の辞書・辞典類を使い分けます。なかでも国語辞典と漢和辞典は、日常生活に欠かせないレファレンス資料です。

ここでは、代表的で比較的使いやすい辞典を紹介します。このほかにも、簡便で扱い易い辞典が数多くあります。また、擬音語辞典や隠語辞典などユニークな辞典もたくさんあります。専門分野のことばを探すには、『保育用語辞典』（ミネルヴァ書房）『法令用語辞典』（学陽書房）などの専門用語辞典も便利です（図9.12参照）。

a. 一般的なことばの意味や漢字

日常生活で使われる一般的なことばのよみや漢字は、『広辞苑』『日本国語大辞典』などの国語辞典を調べます。

広辞苑（→p.124）

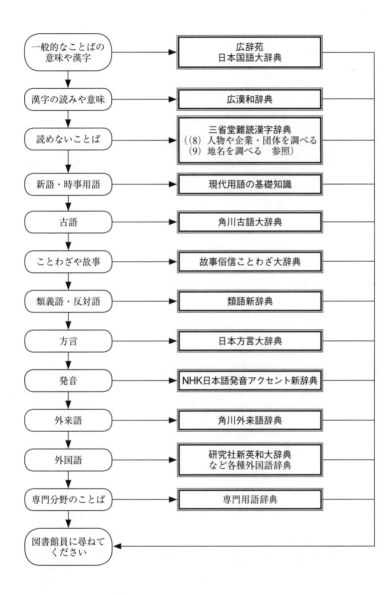

図9.12　ことばの意味や読みを調べる

日本国語大辞典　第2版　日本国語大辞典第二版編集委員会，小学館国語辞典編集部編　小学館　2000-2002　14冊（別巻を含む）

初版（小学館1972-1976）の改訂版です。わが国の文献に用いられた約50万項目の意味、用法、用例を示したものです。一般語彙のほか、方言、隠語、専門用語、地名・人名などの固有名詞も含みます。語源や用法・語形の変遷など、ことばに関する詳しい情報が記載されて、レファレンス・サービスではよく利用される辞典です。別巻に漢字索引と方言索引があります。

b. 漢字のよみや意味

　漢字のよみや意味を調べるには、諸橋轍次の『広漢和辞典』をはじめとする漢和辞典を用います。

広漢和辞典　諸橋轍次ほか　大修館書店　1981-1982　4冊

　著名な諸橋轍次編集の『大漢和辞典』(初版　1960 13冊)をもとにして、一般の人が必要と思われる漢語を選択し、それらの語形や音、意味などを収録した漢和辞典です。総画索引や音訓索引からも、調べたい漢字を見つけられます。『大漢和辞典』(修訂第2版　1989-2000　15冊)もあります。

c. 読めないことば

　辞典をひこうとしても、よみ方がわからない場合や、特殊なよみ方をすることばがたくさんあります。このようなことばを調べるには、『三省堂難読漢字辞典』などの難読語辞典を用います。人名のよみは、(8) a. 人物の名前のよみ (→p.147) で、地名のよみは (9) a. 地名のよみ (→p.156) も参考にしてください。

三省堂難読漢字辞典　三省堂編修所編　三省堂
2009　604p.

人名、地名、故事成語、四字熟語なども含む、生活や行事などさまざまな分野の2万5千語を漢和辞典方式で配列し、そのよみ方と簡単な説明をしています。部首索引、音訓索引、総画索引に加え、「こうとうむけい」などのよみから漢字を調べられる項目索引があります。

d.　新語・時事用語

新しく生まれてくる時事用語、流行語、新語は、国語辞典では調べられません。そこで、『現代用語の基礎知識』に代表されるような時事用語辞典で調べます。

現代用語の基礎知識　自由国民社　1948-　年刊

時事用語辞典としては、最も古くから出版されているものです。新語、時事用語などを、政治、時代・流行、経済、世界情勢、情報メディア、社会、スポーツのジャンル別に分類し解説しています。巻頭には、特集記事や時事問題、話題の人物などのトピックを取り上げています。巻末には、用語索引がついています。

e.　古語

古語を調べるには、『日本国語大辞典』（→p.142）などの国語辞典でも間に合うことが多いですが、ここでは、代表的な古語辞典を紹介します。

角川古語大辞典　中村幸彦ほか編　角川書店　1982-1999　5冊
日本の古典文学作品の語彙を理解するための古語（上代から近世末以前）や固有名詞約10万語を採録し、その語の解説と典拠を示した辞

典です。

f. ことわざや故事

ことわざや故事、格言などは、日常よく使われます。これらは、国語辞典でも調べられることもありますが、『故事俗信ことわざ大辞典』のような専門の辞典もあります。

故事俗信ことわざ大辞典　第2版　小学館　2012　1523p.

1982年刊行の初版約4万3千項目をもとにして、ことわざ、格言、故事成句、慣用句、俗信・俗説、ことば遊び、軽口などを収録し、その意味や用法、用例を解説した辞典です（図9.13参照）。見出し語と本文から検索できるCD-ROMが付いています。

図9.13　『故事俗信ことわざ大辞典』の実例

g.　類義語・反対語

　文章を書いていて、同じ意味を別のことばで表現したい場合などは、『類語国語辞典』のような同義語、類義語辞典を使います。同様に反対語辞典もあります。

類語国語辞典　大野 晋，浜西正人編　角川書店　1985　1309 p.
　日常生活に必要な現代語約6万2千語を意味別に分類して収録しています。巻頭の五十音順索引で調べたいことばを探し、該当する本文ページを開けると、そのことばの類語を見つけることができます。たとえば「慌てる」をひくと、「狼狽える」「取り乱す」「慌てふためく」などが並んでいます。『類語新辞典』(1981) に2千語を加えたものです。

h.　方言

　最近はあまり聞かれなくなりつつある方言ですが、方言を調べる辞典もあります。

日本方言大辞典　尚学図書編　小学館　1989　3冊
　全国の方言の意味、使用地域名、方言の例文、出典などを記載しています。索引は、一般語編、動物編、植物編、民俗語彙編にわかれてひけるようになっています。ちなみに動物編索引で「どんびき」をひいてみると、「かえる」のことを指し、岐阜県、広島県、愛媛県など広い地域で用いられ、「どんびきおよみ」とは岐阜県飛騨地方では平泳ぎの意であることがわかります。

i.　発音

　日本語のアクセントも時と共に変わってきますが、発音やアクセントの辞典というのもあります。

NHK日本語発音アクセント新辞典　NHK放送文化研究所編　NHK出版　2016　1762 p.

NHKのアナウンサーを中心としたアクセント調査などの資料をもと
に、約7万5千語の発音やアクセントを示しています。付録に、発音
やアクセントについての解説や資料もあります。

j. 外来語

わが国には、外国語を由来とすることばがたくさんあり、近年はます
ますカタカナやローマ字で表記される外来語が増えています。略語・カ
タカナ語は、新語として、一般的な辞典や時事用語辞典でも調べられま
すが、日本語にとけこんでしまった外来語は、専門的な辞典で調べると
よいでしょう。

角川外来語辞典 第2版 あらかわそおべえ 角川書店 1977 1643p.
日本語になった外国語約2万5千語の原語、国籍、語源、語義、反対語・
同義語などの参照、出典などを示しています。「オテンバ」がオラン
ダ語「ontembaar」から来ていることなどがわかります。

k. 外国語

外国語の辞典は英英辞典、露和辞典など各国語辞典がいろいろありま
す。ここでは、最も良く利用される英和辞典の代表的なものをあげてお
きます。

研究社新英和大辞典 第6版 竹林 滋ほか編 研究社 2002 2886p.
英語に接している人々を対象として、社会・経済・科学から芸術・ファッ
ション・スポーツまで幅広い英語約26万語を収録しています。

(8) 人物や企業・団体を調べる

私たちの日常生活においては、ある人物の所属、経歴、あるいは歴史
上の人物の伝記などについて調べたいときがあります。その人物につい
て書かれた人物論、評論、新聞雑誌記事などから、さらに詳しい情報を

得たいということもあるでしょう。

　人物を探すには、①その人物は故人か現存者か、いつの時代の人なの
か、②日本人か外国人か、どこの国や地域で活躍した人なのか、③どの
分野の人なのか、を把握して、それに適した人名事典や人名録を利用し
ます。その人物について何も知らないならば、一般的な人物事典や人名
録から探し始めなければなりませんが、その人物がいつの時代の、どこ
の国の、どんな分野の人かがわかれば、特定の時代や地域、分野に限定
された人名事典・人名録から調べることができます。

　人名事典は、日本人名ならば姓名のよみ方の順に配列されていますの
で、調べる前に正しい姓名のよみを知らなければなりません。外国人名
の場合は、原語のカタカナよみが「ゲーテ」「ギョーテ」のように複数
存在したり、原語の原綴りで配列されている事典もあります。そこで、
姓名のよみ方や原綴りを調べる資料もここで紹介します。

　また、数ある人名事典の中で、調べたい人物を収録した事典にどのよ
うなものがあるかを調べる索引もあります。これらの索引を調べると、
適切な人名事典などが迅速に見つかります。

　人物だけでなく、企業・団体の住所や電話番号、設立年、組織、経営
状況などについて知りたい場合は、名鑑を使用します。これも日本か外
国か、上場企業か未上場か、特定分野の企業・団体かによって、調べる
名鑑を選びます。

　人物、企業・団体を調べるレファレンス資料は、たくさんありますが、
ここでは、代表的な人名事典、人名録、名鑑を紹介します（図9.14参照）。

a.　人物の名前のよみ、原綴り

　人物を調べるには、人名の正確なよみや原綴りがわからなければなり
ません。日本人名のよみ方を知るには、『苗字8万よみかた辞典』、西洋
人名の原綴りやカタカナ表記を調べるには『新・カタカナから引く外国
人名綴り方字典』などがあります。

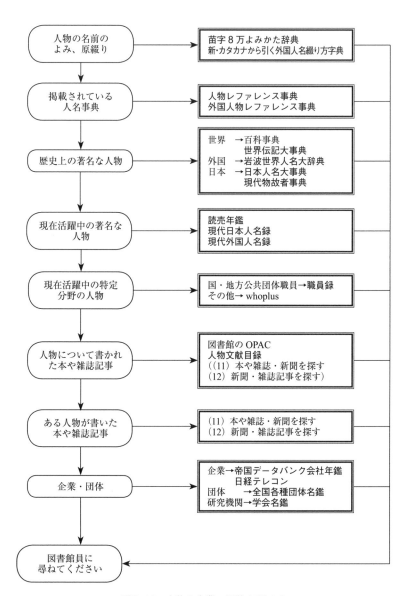

図9.14　人物や企業・団体を調べる

苗字8万よみかた辞典　日外アソシエーツ　1998　1330p.

　日本人の苗字8万4千種とそのよみ13万種を収録しています。苗字の先頭や末尾の漢字から探せる「表記編」と、音から漢字がわかる「表音編」に分かれています。たとえば「あそう」というよみの苗字は、「安双」など19種あることがわかります。名前については『名前10万よみかた辞典』（日外アソシエーツ）もあります。

新・カタカナから引く外国人名綴り方字典

　　日外アソシエーツ　2014　791p.

　外国人の姓や名のカタカナ表記から、原綴りを調べる辞典です。古今の実在する外国人名に基づき、約15万件のカタカナ表記に対する原綴りを収録しています。逆に原綴りからカタカナ表記を調べるには、『新・アルファベットから引く外国人名よみ方字典』（日外アソシエーツ）があります。

b.　掲載されている人名事典

　ある人物について調べる場合、どの人名事典に載っているかをあらかじめ調べておくと便利です。掲載されている人名事典などがわかったら、図書館のOPACで所蔵を確認してください。

人物レファレンス事典　新訂増補　日外アソシエーツ　1996-

　古代から平成までに活躍した日本人が、どの事典にどのような見出しで載っているかを探す索引です。人物名のもとに、異表記名や異読み、生没年、簡単な略歴も収録されています。「古代・中世・近世編」「明治・大正・昭和（戦前）編」「昭和（戦後）・平成編」に分かれています。続けて追補版「古代・中世・近世編Ⅱ（1996-2006）、Ⅲ（2007-2016）」「明治・大正・昭和（戦前）編Ⅱ（2000-2009）」「昭和（戦後）・平成編Ⅱ（2003-2013）」が刊行されています。この人物レファレンス事典シリーズには、この時代毎のほか、科学技術篇、文芸篇などの分野編もあります。

外国人物レファレンス事典　新訂増補　日外アソシエーツ　1999-
　古代から20世紀までに活躍した外国人について、収録している事典を調べるレファレンス資料です。ある人物名をひくと、簡単な略歴と、その人物がどの事典に収録されているかが記載されています。それぞれの事典における生没年月日などの違いも一覧できます（図9.15参照）。索引によって、人名のカナ表記からも探すことができます。『西洋人物レファレンス事典』『東洋人物レファレンス事典』（1983-1984）の全面改訂増補版で、「古代―19世紀」「20世紀」に分かれています。それぞれに追補版「古代―19世紀Ⅱ（1999-2009）」「古代―19世紀Ⅲ（2010-2018）」「20世紀　第Ⅱ期（2002-2010）」が出版されています。

図9.15『外国人物レファレンス事典』の実例

c. 歴史上の著名な人物

　歴史上の著名な人物の伝記は、百科事典や『世界伝記大事典』などで調べられます。外国人では『岩波世界人名大辞典』、日本人ならば『日本人名大事典』、昭和55年以降に亡くなった方を調べるならば『現代物故者事典』などがあります。

　歴史上の人物については、活躍した時期や地域に限定して、『幕末維新大人物事典』（新人物往来社）『大阪人物辞典』（清文堂出版）など、また、分野に限定して『美術家人名事典—古今・日本の物故画家3500人』（日外アソシエーツ）など、さまざまなものが出版されています。

百科事典（→p.121）

世界伝記大事典（→p.129）

岩波世界人名大辞典　岩波書店　2013　2冊
　『岩波西洋人名辞典』を引き継ぎ、全世界の神話・伝説人名から現存者まで、あらゆる分野の著名人名、グループ名、家名、約3万8千件を収録し、生没年月日、経歴、著作・作品情報、伝記・参考文献が掲載されています。CD-ROMもあります。

日本人名大事典　復刻版　平凡社　1979　7冊
　『新撰大人名辞典』の改題復刻版に増補版1冊を加えて、わが国の物故者約5万6千人を収録し、その人の生涯について解説しています。

現代物故者事典　日外アソシエーツ　1983-　3年毎
　雑誌や新聞に掲載された日本人、外国人の訃報欄を調査し、あらゆる分野の著名人や要人の生没年月日、享年、死因などのほか、肩書、経歴、業績などのプロフィールを掲載しています。3年毎に刊行されています。

d.　現在活躍中の著名な人物
　現在活躍中の著名な人物を手軽に調べるには、『読売年鑑』などの年刊のレファレンス資料に、現在活躍している人名録がついている場合があります。分野に限らず、人物の経歴、業績などを詳しく調べるには、『現代日本人名録』『現代外国人名録』などの人名録があります。

読売年鑑（→p.126）

現代日本人名録2002　日外アソシエーツ
2002　4冊

わが国のビジネス・科学・文化・スポーツ
などの各分野で活躍中の多彩な人物、約
12万人を収録しています。現代社会を代
表する、より幅広い人物をカバーする人名
録です。

現代外国人名録2020　日外アソシエーツ　2020　1450p.

世界各国で活躍中の政治家、経営者、学者、芸術家、スポーツ選手な
ど1万人を収録しています。職業、肩書、国籍、生年月日、学歴、受
賞歴、略歴などがわかります。原綴りの索引がついています。

e. 現在活躍中の特定分野の人物

　特定分野の現在活躍中の人物については、その分野の人名事典や名簿
を探します。たとえば、国・地方公共団体の職員を探すには『職員録』
があります。特定分野の年鑑についている人名録も便利です。『囲碁年
鑑』（日本棋院）には、棋士名鑑があり、出身地、戦歴など各棋士のプ
ロフィールが記載されています。

　現在活躍中の人物から歴史上の人物までを探せる人物データベース
「whoplus」も便利です。

職員録　国立印刷局　1886-　年刊

上巻（中央官庁、独立行政法人、国立大学等）、
下巻（都道府県および市町村）にわかれ、係長お
よび同相当職以上の職名と氏名を調べることがで
きます。巻末には、人名索引、各巻の見返しには
省庁等索引表、都道府県索引があります。

whoplus　日外アソシエーツ　（有料）

歴史上の人物から現在活躍中の人物まで、日本人24万人と外国人8

万人の合計32万人を収録した「who」（人物・文献情報）に、日外アソシエーツが出版した人物関連事典・索引の28万人を追加して、あわせて約60万人（2019年4月現在）を横断検索できる総合人物情報データベースです。名前だけでなく、職業や出身地などの多様な項目から検索でき、その人物の著作も表示されます。

f. 人物について書かれた本や雑誌記事

ある人物について書かれた伝記や作家論などで、その生涯を詳しく知りたい場合には、図書館のOPACの件名で人名をひくと、図書館が所蔵している、その人物に関する図書がみつかります。網羅的に調べたい場合には、『人物文献目録』などがあります。これらを調べたあと、さらにその本や雑誌記事の現物がどこにあるかを探して手に入れます。これについては、（11）本や雑誌・新聞を探す（→p.162）、（12）雑誌・新聞記事を探す（→p.166）を参考にしてください。

図書館のOPAC（→p.70）

人物文献目録2014-2016　日外アソシエーツ　2017　2冊

2014年から2016年に国内で刊行された図書・雑誌の中から、日本人約2万3千人と外国人約1万人に関して書かれた、伝記や日記、作品論、人物論、報道記事、年譜、著作リストなど約8万8千件の文献を、日本人編と外国人編に分けて収録しています。1981年以降、不定期に刊行されています。ある人物についての文献を調べるのに便利です。たとえば、又吉直樹について書かれた文献を調べられます（図9.16参照）。

又吉　直樹 またよし・なおき
◎逆襲する山里亮太　これからのお笑いをリードする7人の男たち（ラリー遠田 著）　双葉社　2015.7　223p
◎夜を乗り越える（又吉直樹著）　小学館　2016.6　270p（小学館よしもと新書）
○とんでもなくバカでいとおしい青春小説の傑作『火花』又吉直樹（瀧晴巳［取材・文］）「ダ・ヴィンチ」メディアファクトリー 22(4)通号 252　2015.04　p220
○又吉直樹 憚らずに好きだと公言しています（特集・又吉直樹──彼の中にはどんな言葉が潜んでいるのか）「ダ・ヴィンチ」メディアファクトリー 22(7)通号 255　2015.7　p49
○同級生サッカー談義 又吉直樹 × 玉田圭司──ボクらをつなぐもの（又吉直樹，玉田圭司，佐藤俊［文］）「Soccer magazine zone」ベース

図9.16　『人物文献目録2014-2016』の実例

g. ある人物が書いた本や雑誌記事

　人物を良く知るためには、その人自身が書いた本や雑誌記事を読むことも必要となります。これについては、（11）本や雑誌・新聞を探す（→p.162）、（12）雑誌・新聞記事を探す（→p.166）を読んでください。

h. 企業・団体

　企業・団体の住所や電話番号、概要などは、企業のサイトに掲載されていますが、客観的な詳しい情報を知る必要もあります。会社ならば、冊子体の『帝国データバンク会社年鑑』や、日本経済新聞社の企業情報データベース「日経テレコン」で検索することができます。団体は『全国各種団体名鑑』、学会は「学会名鑑」などの名鑑があります。

帝国データバンク会社年鑑（→p.128）

日経テレコン（→p.170）

全国各種団体名鑑　原書房　1965-　隔年刊

　全国の各種公益法人および公益事業を行う法人、法人格を持たない任意団体を調べるのに便利な名鑑です。業種別に配列され、所在地、設立年、設立目的、事業内容、役員名、刊行物などの記載があります。団体名五十音索引が別冊でついています。

学会名鑑　日本学術会議，日本学術協力財団，科学技術振興機構
https://gakkai.jst.go.jp/gakkai/

　わが国における主要な学術団体約2,000団体（2019年3月現在）を収録し、分野や学会名などから検索し、設立目的、沿革、会員数、刊行物などを調べることができる無料のデータベースです。以前は『学会名鑑』と称する冊子体でしたが、2011年からデータベース化されました。

（9）地名を調べる

　「夏休みにスペインのバルセロナに旅行するので、あらかじめ知識を得たい」「小説を読んでいて久慈という地名がでてきたが、どんなところだろう」「出張するタイの最近の状況について知りたい」など、国内外の土地の地名や地理、概況について調べる機会も多くなりました。

　地名や地域について調べるには、百科事典のほか、地名事典、地図帳、年鑑、旅行案内書が適しています。これらのレファレンス資料は、対象とする区域を日本国内、全世界、国別、地域別、地方別に限定していますから、調べる地域にあったものを選びます。

　また、歴史や産業、道路などの主題別の地図帳もありますから、求め

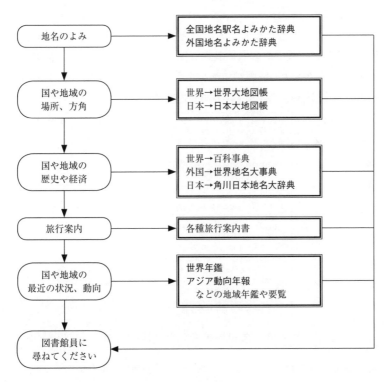

図9.17　地名を調べる

るテーマが明らかな場合は、一般的な地理地形図ではなく、専門の地図
帳を利用する方が適しています（図9.17参照）。

a. 地名のよみ

　地名に関するレファレンス資料も、本文や索引の見出し語は地名のよ
みの五十音順やABC順に配列されています。したがって、地名をよめ
たり、原綴りを知らないと調べることができません。
　地名のよみ方を知るには、『全国地名駅名よみかた辞典』や『外国地
名よみかた辞典』に代表される地名のよみ方専門の事典を調べます。

**全国地名駅名よみかた辞典：最新・市町村合併完全対応版　日外アソシ
エーツ　2016　1420p.**
　全国の市区町村名、群名、大字など約11万9千件の地名に加えて、
JR、私鉄などの鉄道の駅名約9,000件のよみ方を調べられる辞典です。
地名の先頭の漢字の総画順に配列されていて、よみ方とその地名のあ
る市町村名が確認できます（図9.18参照）。

```
下武子町  しもたけしまち  栃木県鹿沼市
下武石  しもたけし  長野県上田市
下武射田  しもむさた  千葉県東金市
下河内
   しもかわち  大阪府南河内郡河南町
   しもごうち  岡山県真庭市
   しもかわち  福岡県豊前市
下河戸  しもこうど  栃木県さくら市
下河北町  しもこぎたちょう  福井県福井市
下河合
   しもかわい  石川県河北郡津幡町
   しもがわい  兵庫県淡路市
下河合町  しもかわいちょう  茨城県常陸太田市
下河和  しもこうわ  岐阜県美濃市
下河東  しもかとう  山梨県中央市
下河原
   しもがわら  山形県寒河江市
   しもがわら  栃木県宇都宮市
   しもがわら  福井県丹生郡越前町
   しもがわら  愛知県清須市
```

図9.18　『全国地名駅名よみかた辞典』の実例

外国地名よみかた辞典　日外アソシエーツ　2008　950p.
　世界の国名、都市名、河川名、山岳名などの地名約4万4千件を収録

しています。2部に分かれていて、アルファベット編では、アルファベット表記からカタカナ表記、カタカナ編では、カタカナ表記からアルファベット表記を調べることができます。

b. 国や地域の場所、方角

　ある土地の場所や方角を知るには、各種の地図や地図帳を使います。世界を対象とした地理地形地図としては『世界大地図帳』など、日本を対象としたものでは『日本大地図帳』などがあります。そのほか、歴史地図、交通地図など特殊な地図も多く刊行されています。

世界大地図帳（→p.127）
日本大地図帳　10訂版　梅棹忠夫ほか監修　平凡社　2007　237p.
　日本全土の50万分の1分県地図と全県庁所在都市の2万5千分の1市街図を中心とし、地形や道路、地名、市町村名などが、見やすく読み取りやすい地図です。約5万の地名から検索できるように地名索引がついています。

c. 国や地域の歴史や地理

　ある国や地域の歴史・経済・社会・政治などについての解説を求めているならば、百科事典をはじめとして、地名事典が適しています。外国では、『世界地名大事典』など、日本を対象とした事典には、『角川日本地名大辞典』などがあります。

百科事典（→p.121）
世界地名大事典　渡辺光ほか編　朝倉書店　2012-2017　9冊
　日本を除く世界各国の国・地方名、自然地名、交通経済地名、観光地名など約4万8千件を「アジア・オセアニア・両極地方」「中東・アフリカ」「ヨーロッパ・ロシア」「北アメリカ」「中南アメリカ」

に分け、その中を五十音順に配列しています。

**角川日本地名大辞典　角川日本地名大辞典編纂委員会編　角川書店
1978-1990　49冊**

都道府県別に1巻を構成し、各巻は総説でその地域の地理的歴史的展
開を記述し、次に地名編として、各地名見出し毎に、歴史的にその地
名の解説を行っています。さらに、地誌編では、現行の各自治体・区
を単位にして現況や沿革を解説しています。別巻には、資料集成と全
巻の地名索引がついています。

d.　旅行案内

外国あるいは日本各地の旅行案内は、各種の旅行案内書が手軽です。
旅行案内書は、最新のものが必要とされますが、図書館では、通常次々
と出版される旅行案内書を、継続的に入手することができないため、多
少古い案内書しかないことが多いと思います。図書館の旅行案内書を利
用するには、発行年月日を確認し、必要ならば、最新版を個人的に購入
した方がいいでしょう。各地の地方公共団体や観光協会のホームページ
も調べるとよいでしょう。

e.　国や地域の最近の状況、動向

最近の世界各国の状況は、『世界年鑑』や『アジア動向年報』などの
地域年鑑や要覧、日本各地の状況は、『東奥年鑑』（青森県東奥日報社）
などの地方年鑑や、地方公共団体が刊行している年鑑、白書、要覧類を
調べます。国際機関や国、地方公共団体の統計は、それぞれのホーム
ページで公開されていることが多くなっていますので、これらを利用す
ることもできます。

世界年鑑　共同通信社　1949-　年刊

前年の1年間に世界で起きた出来事、ニュースを中心に編集し、あわ
せて記録、統計、データを記載しています。国際機構、各国の現勢、
各国元首・閣僚一覧、記録・資料、世界人名録の項目に分かれ、巻頭

に索引があります。

アジア動向年報　日本貿易振興機構（ジェトロ）アジア経済研究所
1970-　年刊

　現地の資料や調査に基づき、アジア諸国・地域の政治経済、対外関係を総合的に分析しています。各国毎に、1年間の政治、経済、外交の動きを署名入りでレポートし、重要日誌、参考資料、主要統計をつけています。1970年の創刊以来のすべての年報が、ホームページ上で無料で公開されています。

（10）統計やデータを調べる

　「わが国のGNPは？」「日本に住む外国人の数を知りたい」「海外旅行の最も多い行き先と費用はどのくらいか」など統計やデータを必要とする場合もよくあります。

　統計には、一次統計と呼ばれる調査や業務によって得られたオリジナルな統計と、この一次統計を加工・編集した二次統計があります。

　統計やデータを調べるには、多くの統計を集めた「統計要覧」や「統計年鑑」と称されるこの二次統計資料が便利です。しかし、統計やデータは、こうした統計資料だけではなく、官公庁から刊行される白書や、『世界年鑑』（→p.158）などの総合年鑑、『演劇年鑑』（小学館）、『東奥年鑑』（→p.158）などの専門別地域別の年鑑、『化学便覧』（→p.125）などの便覧・ハンドブックなど、さまざまなレファレンス資料に掲載されています。そのため、実際に統計やデータを調べるには、どこにどんな統計が載っているかがわかりにくく難しい場合があります。

　ここでは、一般的、総合的な統計を調べる代表的な二次統計資料を紹介します。どの統計資料を調べたらいいかわからない場合には、まず、これらを探してみてください。これらの統計資料に出ていなかったり、特定の分野や地域の統計データを調べる場合には、図書館員に相談してください。

　統計を利用するには、その統計を誰が、何を、いつ、どこで、何のた

めに、どのような方法で調査し、とりまとめたのかを把握しておく必要
があります。これらの事項は、その統計の調査結果や性格を大きく左右
します。そこで、統計を利用するには、出典の記述をよく読み、不明確
な場合は元となった一次統計を探して見てください（図9.19参照）。

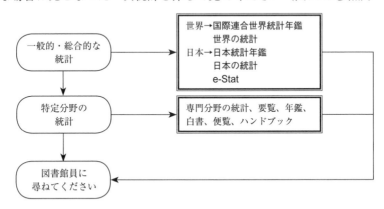

図9.19　統計やデータを調べる

a.　一般的・総合的な統計

　一般的、総合的な統計やデータを調べるには、国際的統計では『国際
連合世界統計年鑑』や『世界の統計』、わが国では『日本統計年鑑』、『日
本の統計』などが代表的な統計です。

国際連合世界統計年鑑　国際連合統計局編　原書房編集部訳　原書房
1953-　年刊
　世界各国の主な統計表を、人口・社会統計、経済活動、エネルギー・環境・
　社会基盤の3分類に分け収録しています。世界の「国会の議席に女性
　が占める割合」「絶滅の危機に瀕する種」など社会、経済、環境の分
　野における基礎的なデータを提供してくれます。原書の『Statistical
　Yearbook』は国連のホームページで入手できます。

世界の統計　総務省統計局編　日本統計協会　1951-　年刊
　国連などの国際機関がとりまとめた最新の統計資料から、各国の人口、
　経済、社会、文化、環境など広い分野にわたって、基礎的な統計をコ

ンパクトにまとめたものです。総務省統計局のホームページから入手
できます。

日本統計年鑑（→p.130）

日本の統計　総務省統計局編　日本統計協会　1956-　年刊

わが国の国土、人口、経済、産業、社会、文化などあらゆる分野にわ
たる基礎的な統計を網羅した、統計のハンドブックです。各統計に
は、出典となった統計資料が明示されています。総務省統計局のホー
ムページから入手できます。

官公庁や地方公共団体、公益法人などが公表している公的な統計は、
それぞれのホームページに掲載されている場合が多くなりました。作成
している省庁や作成機関が特定できれば、それらのホームページにアク
セスしてみてください。政府統計については、総務省統計局の政府統計
の総合窓口「e-Stat」で調べることができます。

e-Stat（政府統計の総合窓口）　総務省統計局　https://www.e-stat.go.jp/

政府の各府省が公表している統計データをひとつにまとめた、政府統
計のポータルサイトです。分野や組織名、キーワードなどから検索で
きます。Excelファイルなどのデジタル形態でデータを入手でき、地
図上に表示できる機能もありますから、入手後に編集や加工が可能で
す。また、都道府県統計課や外国政府統計局などのホームページへの
リンク集もあります。

b.　特定分野の統計

特定分野の統計やデータは、専門分野や地域の統計年鑑、統計要覧、
年鑑、白書、便覧、ハンドブックなどを調べます。これには、『厚生統
計要覧』（厚生省）『全国市町村要覧』（第一法規）『防災白書』（内閣府）『理
科年表』（→p.125）などさまざまなものがあります。また、地域別には、
(9) 地名を調べる e. 国や地域の最近の状況、動向（→p.158）で紹介した、
各都道府県や地域別の年鑑や白書を調べるとよいでしょう。

（11）本や雑誌・新聞を探す

a. 本を探す

　「渓流釣りの本を読みたい」「この間新聞に出ていた、東野圭吾の新刊を探している」など本の所在や書名、出版社、あるテーマに関する本を調べるには、どのようなレファレンス資料が適しているでしょうか（図9.20参照）。

　はっきりと本の存在がわかっていて、その本の所在を探すには、まず図書館のOPACです。その図書館に所蔵している本の目録ですから、見つかればすぐに手に入れることができます。もし、所蔵していないならば、自分の図書館と協力関係にある、他の図書館のOPACや、「埼玉県内図書館横断検索」のような地域内の横断検索、国立国会図書館の「国立国会図書館サーチ」、大学図書館の総合目録「CiNii Books」を探します。これらのOPACや総合目録にあれば、その図書館に所蔵されていますから、図書館員に相談して入手することができます。

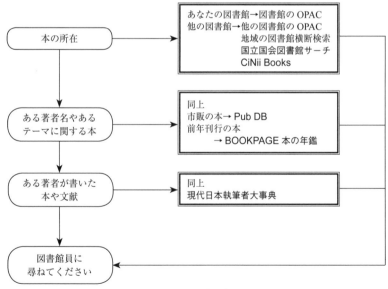

図9.20　本を探す

　著者名やテーマからどんな本があるかを探す場合も、上記の図書館の所蔵目録や総合目録をまず調べてみます。図書館の目録は、書店などの一般販売ルートにのらない、非売品の図書など含めて、過去にさかのぼって広く調べることができます。一般に市販している本で、特に新刊図書ならば「出版書誌データベース（Pub DB）」などの販売書誌、前年に刊行された図書の内容が見たいならば、『BOOKPAGE　本の年鑑』がいいでしょう。

　また、本、雑誌記事などを含めて、ある著者の書いた文献を探すには、人文・社会科学分野では『現代日本執筆者大事典』があります。（8）人物や企業・団体を調べる（→p.146）で紹介した人名事典でも調べられることもあります。

　そのほかにも、専門分野ごとに主題別の書誌がたくさんありますから、図書館員に相談してください。

図書館のOPAC（→p.70）
国立国会図書館サーチ（→p.116）
CiNii Books（→p.118）
出版書誌データベース（Pub DB）日本出版インフラセンター　https://www.books.or.jp/
　わが国で発行された、紙および電子書籍の情報を収録している販売書誌で、通称「Pub DB」と称し、無料で検索できます。日本出版インフラセンターの出版情報登録センター（JPRO）に登録された書籍の書誌事項や、内容、著者略歴、表紙画像などを見ることができ、電子書籍版がある場合は「電子版あり」というフラグが表示されます。日本書籍出版協会の書籍検索サイト「Books.or.jp」を引継いだものです。「Pub DB」は、新刊書だけでなく、絶版を含む約230万点（2019年11月参照）の書籍情報が含まれています。
BOOKPAGE　本の年鑑（→p.115）
現代日本執筆者大事典　第5期　紀田順一郎ほか編　日外アソシエーツ2015　3冊

2003年から2015年の間に発表された文献470万件の執筆者から5,000人を抽出し、アンケートをもとに略歴とその主要な著作リストを掲載しています。文献が基礎になっていますから、著名人というよりも、著作活動を行っている企業人、研究者、作家などが対象となっていることが特徴です。出版社のホームページにWeb総索引があります。

b. 雑誌・新聞を探す

「去年の"プレジデント"という雑誌を読みたい」「"月刊化学工業"の出版社と年間講読料を知りたい」など雑誌や新聞を探すこともよくあります（図9.21参照）。

雑誌・新聞の所在を探すには、まず自分の図書館の雑誌・新聞所蔵目録です。雑誌・新聞所蔵目録は、図書館のOPACに含まれている場合と、別のリストとして図書館のホームページで公開している場合があります。

自分の図書館で所蔵していないならば、協力関係にある図書館の雑誌・新聞所蔵目録を調べます。都道府県図書館では、「愛知県内図書館　雑誌・

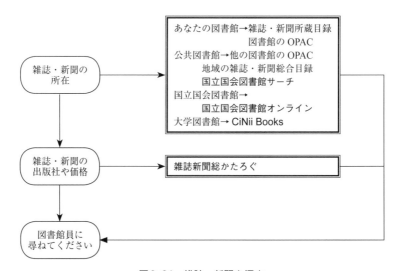

図9.21　雑誌・新聞を探す

新聞総合目録」のような地域の雑誌・新聞の総合目録がホームページに公開されている場合もあります。

　国立国会図書館の「国立国会図書館サーチ」の中には、「全国新聞総合目録データベース」が含まれています。これは、公共図書館や大学図書館約1,200機関が所蔵している、新聞（原紙・マイクロ資料・縮刷版・復刻版・CD-ROMなど）の総合目録です。全ての公共図書館や大学図書館が参加しているわけではないので、網羅的ではありませんが、公共図書館所蔵の地方新聞を調べるには便利です。「国立国会図書館サーチ」の検索画面で資料の種類を新聞に限定して検索をすると、所蔵図書館を調べられます。

　国立国会図書館の所蔵のみを調べるには「国立国会図書館オンライン」、大学図書館が所蔵する雑誌・新聞は総合目録「CiNii Books」で調べます。具体的な探し方は、第10章（5）（→p.194）で説明しています。

　雑誌・新聞の出版社や発行部数、読者層などを知りたいならば、『雑誌新聞総かたろぐ』を調べてみてください。

図書館のOPAC（→p.70）
国立国会図書館サーチ（→p.116）
国立国会図書館オンライン（→p.116）
CiNii Books（→p.118）
雑誌新聞総かたろぐ　メディア・リサーチセンター　1978-　年刊
　わが国で刊行されている定期刊行物（雑誌、新聞、年鑑、白書など）
　を調べるのに便利な資料です。一般週刊誌、コミック、宗教など270以上の分野別に分類し、タイトル、創刊年、刊行頻度、判型、定価、出版社、発行部数、読者層などに加え、内容を簡潔に記載しています。2019年版では、約16,500以上のタイトルと1万社以上の発行社が掲載されています。タイトルや分野などから巻末の索引を使って探せます。2019年版で休刊となります。

（12）雑誌・新聞記事を探す

a. 雑誌記事を探す

　さまざまな雑誌に掲載された雑誌記事ひとつひとつを、速く、効率的に、著者名や特定のテーマなどで探すには、雑誌記事索引が大変便利です。雑誌記事索引には、雑誌記事のタイトル、著者名、掲載雑誌と巻号、ページなどの書誌事項だけではなく、その内容を要約した抄録をつけた、抄録誌と呼ばれるものもあります。「JSTPlus」（→p.168）はその代表例です。

　ある特定のテーマに関する雑誌記事を探すには、主題書誌（→p.115）といわれるものも有効です。主題書誌は、比較的人文科学系に多く、雑誌記事だけでなく図書なども含まれます。定期的に刊行されるものもありますが、単行本や冊子の形態で刊行される場合もあります。

　現在、これらの雑誌記事索引や主題書誌は、インターネット上で検索できるデータベースに置きかえられています。データベースとは、コンピュータを利用して、情報を整理・蓄積し、探しだすことができるようにしたシステムです。

　学術雑誌記事を探すには、「CiNii Articles」、「国立国会図書館オンライン」、学術雑誌だけでなく一般的な雑誌記事も含めて明治期から探すには「magazineplus」、大衆雑誌記事では「Web OYA-bunko」があります。そのほか専門分野の雑誌記事を探すには、たとえば科学技術分野では「JSTPlus」、国文学分野では「国文学論文目録データベース」などがあります。専門分野の雑誌記事索引は他にもありますので、詳しくは図書館員に尋ねるとよいでしょう。有料のデータベースは、公共図書館や大学図書館で契約している場合がありますので、これも図書館員に尋ねてください（図9.22参照）。

CiNii Articles（→p.119）
国立国会図書館オンライン（→p.116）

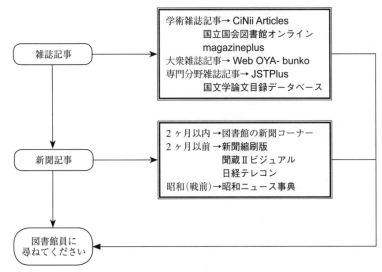

図9.22　雑誌・新聞記事を探す

magazineplus　日外アソシエーツ　（有料）

　明治期から現在までの、国内の学術誌や一般誌などの雑誌記事・論文の見出しを一括して検索できる雑誌記事データベースです。2019年4月現在約1,940万件の記事を収録しています。国立国会図書館の「雑誌記事索引」（1948-）のデータのほか、国立国会図書館が収録してこなかった経済誌、ビジネス誌や学会年報、大学紀要、地方誌などの雑誌記事も検索できます。

Web OYA-bunko　1988-　大宅壮一文庫　（有料）

　大衆娯楽誌、生活風俗誌を含めた、一般雑誌の記事を探すためのデータベースです。大宅壮一文庫が所蔵する現在刊行中の約300種の雑誌から記事を採録し、独自の分類約7,000項目から件名を付与し、掲載された人名なども含めて、多角的な検索が可能です。明治時代から現在まで539万件（2019年11月参照）の雑誌記事を検索できます。毎週6回データ更新がされています（図9.23参照）。

活用編

図9.23 「Web OYA-bunko」の実例

JSTPlus　1981-　科学技術振興機構（JST）　提供：ジーサーチ　（有料）
国内外の医学・薬学分野を含む科学技術文献約3,000万件（2018年3月現在）を、日本語抄録つきで紹介する、わが国最大の抄録索引データベースで、「JDream Ⅲ」という検索サービスの中のひとつのファイルです（図9.24参照）。雑誌論文だけではなく、研究報告書、会議資料などの論文も含まれて、「JST科学技術用語シソーラス」[注1]というキーワードリストを使って検索ができます。「JDream Ⅲ」の中には、そのほかに医学・薬学の「MEDLINE」など7種のファイルがあります。

国文学論文目録データベース　1888-　国文学研究資料館
https://base1.nijl.ac.jp/~rombun/
日本国内で発表された、明治21年から平成29年（2019年11月参照）の日本文学・日本語学・日本語教育に関する研究論文約60万件（2019年9月現在）の索引で、インターネットに無料公開されています。国文学研究資料館で所蔵している、雑誌や単行本（論文集）などを対象としています。

168

図9.24　「JSTPlus」の実例

b.　新聞記事を探す

　「2ヶ月くらい前に、信濃毎日新聞に載った記事を探している」「昭和9年に近畿地方を襲った室戸台風の当時のニュース記事を見たい」など、特定の新聞記事を探したい場合もあります。ある特定のテーマの新聞記事は、最近2ヶ月間くらいは図書館所蔵の新聞を繰るのもよいでしょう。2ヶ月以前ならば縮刷版がでる新聞もあります（図9.22参照→p.167）。

　過去から当日までの新聞記事を探すには、図書館が契約していれば、データベースが便利です。朝日新聞「聞蔵Ⅱビジュアル」や「日経テレコン」などの新聞記事データベースが提供されています。新聞記事デー

タベースでは、記事本文だけでなく、写真や図を含む記事イメージが表示されます。新聞記事データベースの検索については、第10章（→p.175）も参照してください。

　明治・大正期や戦前の新聞記事を調べるには、『明治ニュース事典』『大正ニュース事典』『昭和ニュース事典』などの新聞記事索引もあります。

新聞縮刷版

　縮刷版を刊行しているのは、朝日、読売、毎日、日経、日経産業新聞などで、地方紙、業界紙はほとんど刊行していません。縮刷版は、新聞の発行した月よりひと月遅れて刊行されます。その間の新聞を調べるには、図書館で現物をめくるか、新聞記事データベースを検索します。縮刷版は、新聞の版面をそのまま縮小したもので、著作権許諾が得られないためデータベースには掲載されない新聞小説や広告なども見ることができます。月日順に並んでいて、テーマ別分類や索引はありますが、特定の企業名、人名、キーワード、商品名などでは探せません。そのような検索には、新聞記事データベースを検索した方が効率がいいでしょう。

聞蔵IIビジュアル　朝日新聞社　（有料）

　朝日新聞が提供する、大学や公共図書館向けの新聞記事全文データベースです。1879年（明治12年）の創刊号から当日までの記事を、紙面のPDFやテキストで見られます。各都道府県の地域面、週刊誌『AERA』、『週刊朝日』も収録されています。

日経テレコン　記事検索　日本経済新聞社　（有料）

　「日経テレコン」の記事検索メニューでは、日経各紙だけでなく全国紙、地方紙、専門紙約140紙以上を横断的に検索でき、テキストやPDFで出力できます。日経4紙については、フリーキーワード以外に「日経シソーラス」[注2] を用いた検索や、業界コードや紙面指定から検索できるなどの特徴があります。なお、「日経テレコン」は、新聞記事だけでなく、総合ビジネスデータベースとして、雑誌記事や企業情報、人事情報なども検索できます。

昭和ニュース事典　昭和ニュース事典編纂委員会，毎日コミュニケーションズ編　毎日コミュニケーションズ　1990-1994　9冊
　　昭和元年から1945年までのわが国の外交、政治、経済、軍事、社会などに関する事件やニュース記事を収録し、テーマの五十音順に配列しています。各巻には、見出しの五十音順索引、分類別索引、年次別索引がついています。第9巻に、総索引として事項別、見出し、年次別、分野別、写真や挿絵などの索引がついています。同じく『大正ニュース事典』（1986-1989、8冊）は大正期に発行された新聞から、『明治ニュース事典』（1983-86、9冊）は明治期に発行された新聞から主なニュースを掲載しています。

（13）レファレンス資料を調べるレファレンス資料がある

　　以上紹介したレファレンス資料は、極めて代表的なものばかりです。これ以外にも、便利で優れたレファレンス資料がたくさんあります。それらのレファレンス資料を探すために、レファレンス資料のレファレンス資料があります。ここでは、代表的なものを紹介します。

参考図書解説目録　日外アソシエーツ編集部編　日外アソシエーツ　3年に1回
　　1990年から、国内で刊行されたレファレンス資料を調べられる資料です。3年に1回刊行され、現在の最新刊（2017年刊）は、2014年から2016年に刊行されたレファレンス資料約8,900点を探すことができます。NDCにそって分類し、事典や便覧などの種類別に配列して、書誌事項のほか、それぞれ内容解説や目次を掲載しています。巻末には、書名、編著者名、事項名索引があります（図9.25参照）。

　　案内型レファレンス資料の目録、索引、書誌を集めて一覧にした「書誌の書誌」といわれるものがあります。

鳥 類   自然科学

鳥 類（488）

<事 典>

4000

野鳥の呼び名事典 由来がわかる 大橋弘一写真・文 世
界文化社 2016.4 127p 21cm 〈他言語標題：A
Naturalist's Guide to Wildbirds 文献あり 索引あり〉
1500円 ⓘ978-4-418-16413-4
（内容）身近な野鳥から野山、水辺の野鳥まで、約100種の野鳥
の呼び名と語源由来、生態や識別点を解説。
（目次）身近な鳥（スズメ, ハシブトガラス, ヒヨドリ, ムクド
リ ほか）、野山の鳥（カッコウ, モズ, コミミズク, フクロウ
ほか）、水辺の鳥（マガン, ヒシクイ, オシドリ, ヨシガモ ほ
か）

<辞 典>

4001

鳴き声から種を同定するための日本鳥類鳴き声大辞典
CD付き 石井直樹著 （横須賀）石井直樹 2015.8
370p, CD-ROM1枚（12cm） 30cm 〈他言語標題：
Complete voice lists of Japanese birds〉 4000円 ⓘ978-
4-9908544-0-9
（内容）日本産の約700種の鳥について、日本語および英語の鳥
図鑑など約20冊の文献に記載されている鳴き声の文字表記（カ
ナ, および英語）と、その音声に関するいろいろの特徴、および
その声を発する時期・場所などの状況に関する情報を収集し、
まとめた。本書では、日本の鳥の鳴き声を英語で表記した例を
積極的に収集した。それらの英語鳴き声データを全て英語の

カワセミ, アオムネラケットカワセミ, シラオラケットカワセ
ミ〔ほか〕

4005

タカ・ハヤブサ類飛翔ハンドブック 山形則男著 文一総
合出版 2016.9 96p 19cm 〈文献あり〉 1400円
ⓘ978-4-8299-8141-2
（目次）各種の名称・用語解説, 飛翔中のタカを見分けるには
どうしたらよいか?, ミサゴ, ハチクマ, クロハゲワシ, トビ,
オジロワシ, オオワシ, カンムリワシ, チュウヒ〔ほか〕

4006

日本の鳥の世界 樋口広芳著 平凡社 2014.8 151p
26cm 3000円 ⓘ978-4-582-52735-3
（内容）日本の多様な環境に生きる鳥たちについて学ぶことが
できる最良の本。美しい写真とともに鳥の生活をめぐるさま
ざまな話題を紹介。
（目次）第1章 日本の自然と鳥の世界, 第2章 日本を代表する
鳥, 第3章 森のにぎわい, 水辺のにぎわい, 第4章 里山の四季,
第5章 たくましく生きる都市の鳥, 第6章 興味深い行動や生態,
第7章 鳥の渡り―どこからどこへ, 第8章 現状と未来

4007

日本野鳥歳時記 大橋弘一著 ナツメ社 2015.12 247p
21cm 1600円 ⓘ978-4-8163-5954-5
（内容）この本は、季節との関わりをテーマに、日本の野鳥を
様々な視点から知る楽しさを感じていただけるように作りま
した。登場する鳥たちは、計145余種。そのうち85種をメイン
の扱いとし、春、夏、秋、冬の各季節の章ごとに「旬」の鳥を
選び、生態写真とエピソードでご紹介します。呼び名の由来か
ら昔話、伝説の紹介、古典文学での扱われ方、日本だけでなく

図9.25 『参考図書解説目録』

書誌年鑑 日外アソシエーツ 1982- 年刊

前年にわが国発行の図書や、図書の一部、雑誌の参考文献などに掲載
された、主題書誌、人物書誌、所蔵目録、書誌論などを網羅したもの
です。人文・社会科学分野を中心として、件名、地名、人名、誌名な
どから探すことができます（図9.26参照）。

そのほか、各図書館ホームページでは、「調べ方案内」「調査ガイド」
など名称はさまざまですが、利用者のための調べ方や所蔵するレファレ
ンス資料を紹介しています（→p.60）。国立国会図書館のホームページ
にも、「リサーチ・ナビ」という調べ方案内（パスファインダー）のペー
ジがあります。

参考図書案内（リサーチ・ナビ） 国立国会図書館 https://rnavi.ndl.
go.jp/sanko/index.php

「リサーチ・ナビ」は、国立国会図書館が調べものに有用であると判
断した、図書館資料やウェブサイトなどの情報源を、テーマ別や資料

学歴社会 ⇔階層	『格差の連鎖と若者 1 教育とキャリア』(石田浩)	勁草書房 2017.3	文献 prr
加群 ⇔数学	『共立講座数学の輝き 11 D加群』(新井仁之ほか)　書名	共立出版 2017.8　出版者	参考文献 p287-300
家計　件名	『家計の経済学』(橘木俊詔)　著者名	岩波書店 2017.1	参考文献 p339-350
歌劇 ⇔オペラ	『浅草オペラ舞台芸術と娯楽の近代』(杉山千鶴ほか)	森話社　出版年月 2017.2	参考文献 p158, 283
歌劇 ⇔オペラ	『キーワードで読むオペラ/音楽劇研究ハンドブック』(丸本隆ほか)	アルテスパブリッシング 2017.3	参考文献 p436-446
歌劇 ⇔ギリシア神話	『歌うギリシャ神話 オペラ・歌曲がもっと楽しくなる教養講座』(彌勒忠史)	アルテスパブリッシング 2017.4	参考文献 p222-223
「崖の上のポニョ」	『崖の上のポニョ』(スタジオジブリほか)	文藝春秋 2017.11	出典一覧 p201-202
影山礼子	「関東学院教養論集 27」　雑誌名	関東学院大 2017.1	業績ほか p3-17
加古里子	『別冊太陽―日本のこころ 248 かこさとし 子どもと遊び、子どもに学ぶ』(竹内清乃)	平凡社 2017.3	著作リストほか p140-151
加古里子	『かこさとし一人と地球の不思議とともに』	河出書房新社 2017.7	著作リスト p193-204

解説：歌劇に関する文献を探すには、「歌劇」という件名を探します。すると、たとえば丸本隆ほか著『キーワードで読むオペラ』というタイトルの図書の436-446ページに「参考文献」として文献リストが掲載されていることがわかります。「オペラ」という件名も見てみるとよいでしょう。

図9.26　『書誌年鑑』

群別などに分けて紹介しているサイトです。「参考図書案内」は、この「リサーチ・ナビ」の中のひとつのメニューで、レファレンス資料の書誌事項や内容を紹介しています。キーワードなどで検索でき、たとえば「アニメ」と入力すると、アニメに関する事典や辞書、人名録、書誌などのレファレンス資料が検索され、それぞれの内容が説明されています。

実際には、これらの資料やサイトから、目的に合うレファレンス資料を探しだし、それがあなたの図書館に所蔵しているどうかを調べ、それから調査をはじめると、あなたの今欲している情報を得るまでには、とても時間がかかってしまいます。

ここでは、レファレンス資料について調べたい場合には、このような

資料が用意されていて、いざという時には、これを調べればよいのだということを覚えておいてください。

（14）レファレンス・サービスを受ける

　求める情報を手に入れるには、さまざまなアプローチの方法があります。本章で述べたような代表的なレファレンス資料を知り、標準的なアプローチを身に付けることは大変重要で、多くの場合は、解決できることは確かですが、必ずしもうまくいかないこともまた多いのです。

　そこで、あなたが調べようとすることがらが、うまく見つからない場合は、遠慮なくレファレンス・サービス（→p.56）を受けてください。

　あるいは、本章で述べた手順が面倒でできなかったり、複雑でよくわからなかったら、直接レファレンス・カウンター（→p.36）に来てください。レファレンス・サービスはそのために存在します。

　レファレンス・サービスを受ける際には、第5章（→p.64）を参考にして、あなたの知りたいことを率直に、図書館員に相談してください。

注1）「JST科学技術用語シソーラス」は、「JDream Ⅲ」で使用する約3万7千語（2017年版）の統制語リストです。

注2）「日経シソーラス」は、日本経済新聞社が提供する日経4紙の記事データベースのキーワード付与と検索のための統制語リストです。1982年の作成開始から改訂を重ね、2006年1月現在、約1万3千語を収録しています。品目、業界、項目、地域の4種類のキーワードがあり、随時見直しを行い、用語の追加・削除を行っています。ネットで公開されています（http://t21.nikkei.co.jp/public/help/contract/price/00/thesaurus/index_AA.html）。

第10章　情報検索のしかた

　本書ではこれまで、OPACのしくみや探し方（第6章）や、キーワードの見つけ方（第7章）、レファレンス資料の使い方（第9章）で、冊子体のみならず電子媒体も含めて、図書館で使えるレファレンス資料の解説や使い方を述べてきました。

　電子媒体のレファレンス資料の多くは、インターネット上に公開され、コンピュータを用いて検索します。たとえば、これまでに紹介した回答型レファレンス資料の「e-Stat」（→p.161）や「ジャパンナレッジ」（→p.123）、案内型レファレンス資料「CiNii Articles」（→p.119）などです。本章では、これらのデータベース、ウェブサイト、ファイルなどをインターネット情報資源と呼んでおきます。

　これらのインターネット情報資源の検索方法は、冊子体と共通する点もありますが、特に知っておくべき機能や特徴があります。本章では、これらのインターネット情報資源の情報検索のしかたを解説します。

　情報検索のしかたは、対象とするインターネット情報資源が、書誌・索引・目録などの案内型レファレンス資料でも、事典・辞典などの回答型レファレンス資料でも共通しています。

　なお、図書館によっては、本章で述べるような情報検索の講習会を開催していますから、ぜひ参加してみてください。

（1）情報検索のしくみと機能

　情報検索を行う場合は、次のような基本的な検索機能を知っておくと便利です。

a. 論理演算
　情報検索では、蓄積された情報のひとつひとつに、人名、地域名、項目名など、その情報の内容を表す、たくさんのキーワードがつけられて

いcorrect。それらのキーワードのどれからでも、その情報を探しだすことができます。

　たとえば、京都のことを調べたいならば、＜京都＞というキーワードを入力すれば、＜京都＞というキーワードのついた情報が検索できます。

　ところが、私たちが情報を探す場合には、「＜京都＞の＜観光案内＞の情報が欲しい」というように、複数のキーワードを合わせ持つ情報を探したい場合があります。このような場合、情報検索では、全部の情報の中から、＜京都＞というキーワードのついた情報の集合と、＜観光案

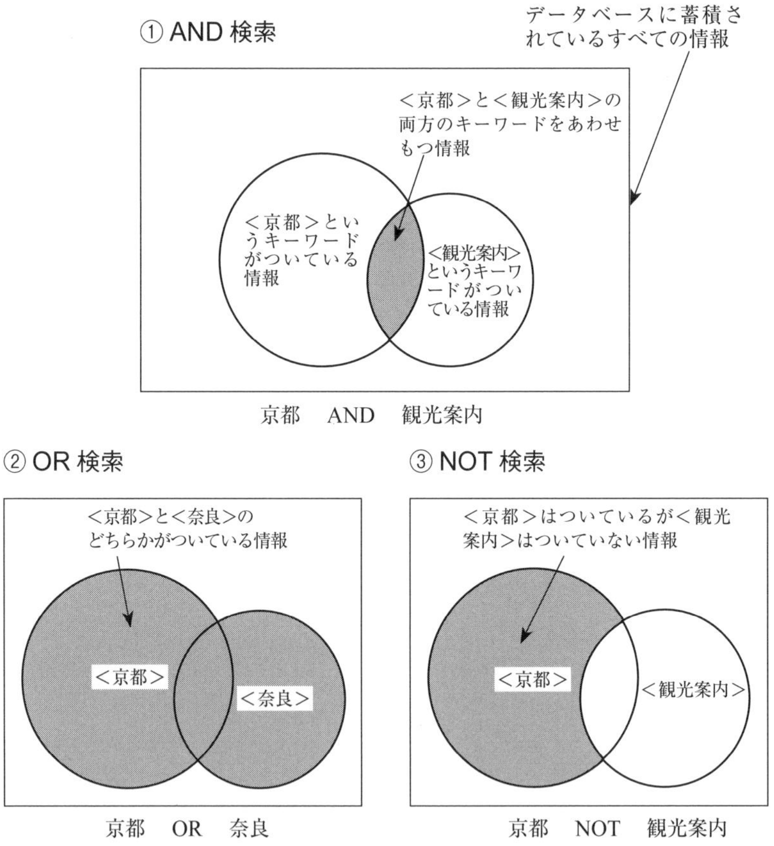

① AND 検索

データベースに蓄積されているすべての情報

＜京都＞と＜観光案内＞の両方のキーワードをあわせもつ情報

＜京都＞というキーワードがついている情報

＜観光案内＞というキーワードがついている情報

京都　AND　観光案内

② OR 検索

＜京都＞と＜奈良＞のどちらかがついている情報

＜京都＞

＜奈良＞

京都　OR　奈良

③ NOT 検索

＜京都＞はついているが＜観光案内＞はついていない情報

＜京都＞

＜観光案内＞

京都　NOT　観光案内

図10.1　論理演算

内＞というキーワードがついた情報の集合をつくります。それらの集合は、図10.1①のように表され、ちょうど灰色の部分が、＜京都＞と＜観光案内＞の両方のキーワードを持つ情報の集まりを示しています。この灰色部分の、複数のキーワードを合わせ持つ情報を探す方法を、AND検索といいます。最もよく使われる、情報を絞り込んでいく方法です。

このほかに、たとえば＜京都＞あるいは＜奈良＞のどちらかのキーワードがついている情報を探す方法は、OR検索といいます。また、＜京都＞のキーワードを持つ情報のうち、＜観光案内＞のキーワードがついていない情報を探したい場合は、NOT検索となります(図10.1参照)。

情報検索は、このように、求める情報内容を表すキーワードと、3種類の組み合せ記号AND、OR、NOTを使って行われます。この組合せ記号を、論理演算子といいます。また、このキーワードと論理演算子を組み合わせた式を、検索式といいます。

実際の検索では、自分で、探したいキーワードと論理演算子を、「京都　AND　観光案内」「京都　OR　奈良」「京都　NOT　観光案内」というように入力します。検索システムによっては、ANDやORを使わないで、スペースや「＊」、「＋」を用いたり、検索画面のプルダウンメニューに、「必ず含む」「すべてを含む」（AND検索）「いずれかを含む」「1つ以上含む」（OR検索）「除く」（NOT検索）というような文章が示されていて、これを選ぶ場合もあります。

また、論理演算の優先順位をつけるためには、数式と同じように「（　）」を使って「（京都　OR　奈良）AND　観光案内」のように入力します。検索システムによっては、検索項目間にAND、OR、NOTの論理演算子が、プルダウンメニューで表示されている場合もあります。

たとえば、図10.2では、「書名に図書館あるいは博物館を含んでいて、講談社が出版している本」を探しています。検索式は、書名に「図書館」あるいは「博物館」を含む集合（図書館　OR　博物館）と、出版社が「講談社」の集合とのAND検索となります。すなわち、検索式としては、「書名＝（図書館　OR　博物館）AND　出版社＝講談社」のように表わされます。

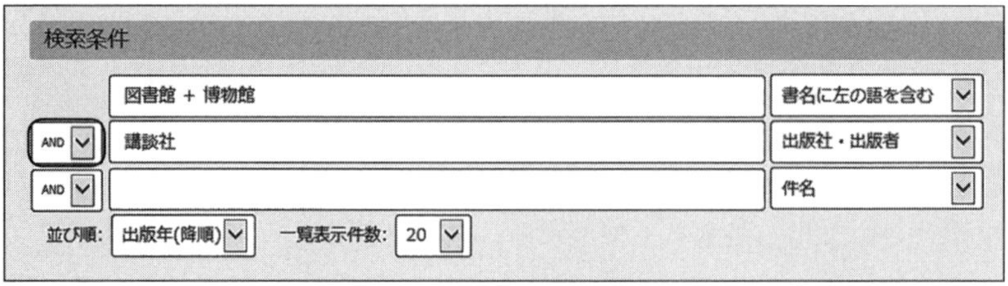

図10.2　論理演算の例　　　　　　　　　　　　−鶴見大学図書館−

　そこで図10.2では、書名に「図書館」あるいは「博物館」のどちら
かがある図書を探すために、「書名に左の語を含む」の項目に「図書館
＋博物館」と入力しています。この検索システムではOR検索に「＋」
を用います。次に出版社の項目に「講談社」と入力し、書名と出版社の
検索項目間の論理演算子をプルダウンメニューで「AND」にすることで、
集合を整理し、検索式を正確に演算させています。通常、検索項目間の
論理演算子はANDとなることが多いので、このようなシステムでは、
あらかじめANDが設定されています。

　入力のしかたや指示のしかたは、このように検索システムによって多
少異なりますが、情報検索は、基本的には、このようなキーワードと論
理演算子の組合せで行われています。

b.　トランケーション

　もうひとつ、良く利用される便利な機能があります。それは、キーワー
ドの一部分が不明な場合や、あるキーワードがつく情報を全部欲しい場
合に利用されるもので、トランケーションや部分一致検索などと呼ばれ
ている方法です（図10.3参照）。

　たとえば、「図書館？」のように前方一致で検索すると、「図書館便り」
「図書館案内」というような先頭に「図書館」がついたキーワードが全
部検索されます。図書館のOPACでは、「？」のような記号ではなく、
プルダウンメニューで「〜から始まる」のように文章で示され、それを
選択するシステムが多く採用されています（図6.2②参照→p.73）。

　反対に、「？図書館」のように、キーワードの終わりを指定して、前

	入力例（記号）	入力例（文章）	検索結果の例
前方一致	図書館？	〜から始まる	図書館便り、図書館案内
後方一致	？図書館	〜で終わる	大学図書館、公共図書館
中間一致	？図書館？	〜を含む	図書館案内、大学図書館、学校図書館利用法
前後一致	図書？館		図書文化会館

図10.3　トランケーション

方が何でもいいというような検索を、後方一致といいます。この場合は、プルダウンメニューで「〜で終わる」というように示されることが多いようです。「大学図書館」「公共図書館」などが検索されます。

　あるいは、図書館というキーワードが付いた情報を全部探したい場合には、「？図書館？」のように中間一致で検索すると、「図書館案内」「大学図書館」「学校図書館利用法」などキーワードのどこかに「図書館」がある情報をすべて探すことができます。中間一致は、この例のように、前方一致と後方一致も含みます。図書館のOPACでは、プルダウンメニューで「〜を含む」と示されていたりします（図10.2参照）。

　また、前後の語が同じで、中間に挟まれた語は何でもいいという前後一致という方法もあります。たとえば「図書？館」のように入力すると「図書文化会館」などが検索されます。

　トランケーションの機能には、このように前方一致、後方一致、中間一致、前後一致の4種類がありますが、検索システムによってできる種類が異なります。

　また、検索システムによって、指示する記号が異なります。上記では「？」を使いましたが、「？」のかわりに「＊」や「＠」などを使うシステムもあります。詳しくはそれぞれのマニュアルを読むか、図書館員に尋ねてください。

　なお、中間一致で検索すると、一般的に漏れの少ない検索を行うため、現在多くのシステムでは、キーワードを入力すると、自動的に中間一致で検索するようになっています。そのような場合は、逆に完全一致で検

索するために、別の記号で指定する必要がでてくることがあります。

　たとえば、「図書館」というタイトルの書名を探したい場合、通常「図書館」と入力します。そうすると、自動的に中間一致で検索するシステムでは、「図書館案内」「大学図書館」「学校図書館利用法」などを検索し、不要な書名が多く検索されてしまいます。そこで、「/図書館/」のように入力して「図書館」という完全一致の書名を検索します。この完全一致は、プルダウンメニューでは「〜と一致する」のように示されていたりします。

(2) インターネット情報資源の選び方

　さまざまなインターネット情報資源の中から、適切なものを選ぶには、あらかじめ自分自身で調べるテーマや目的を明確にすることが必要です。どのように明確にしたらよいかは、第5章（2）相談をする前に（→p.65）を参考にしてください。この事前のテーマの分析がいいかげんだと、調べはじめてから、目的に合わないインターネット情報資源であることに気づき、はじめからやり直さなければならなくなります。

　インターネット情報資源を選ぶには、まずサイトの冒頭や検索画面に記述されている、そのインターネット情報資源に関する解説、利用のしかた、ヘルプ、収録資料一覧などを読んで参考にします。中には、インターネット情報資源の詳しい説明がされていない場合もあるかもしれません。利用者に、収録方針や内容、使い方を詳しく説明していないインターネット情報資源は、あまり優れたサイトとは言えません。

　では、たくさんあるインターネット情報資源から、あなたの目的にふさわしいものを選ぶチェックポイントを5つ紹介します。なお、基本的には冊子体のレファレンス資料の選び方と共通していますので、第9章（4）レファレンス資料の選び方（→p.130）も読んでください。

a. 収録内容や収録対象の情報源、採択基準
　そのインターネット情報資源は、どのような分野を対象として、どの

ような情報や情報源を収録していますか。

　たとえば、雑誌記事を探したくて、ある雑誌記事索引を選択したとします。対象としている主題や分野の解説を読んだり、収録雑誌リストをながめてみてください。それらは、あなたの調査テーマに照らして、適切で、十分網羅的ですか。「学術雑誌を対象とする」とされていても、大学の紀要までは収録されていなかったりします。

　また、収録雑誌リストに雑誌名があっても、その雑誌に掲載されている記事すべてが、雑誌記事索引に収録されているわけではありません。記事の採択方針は明らかですか。それは、あなたの情報探索の目的と合致しますか。たとえば、2ページ以下の記事は採択しないというような基準があると、短報は収録されていません。

b.　収録期間や更新頻度はどのくらいか

　そのインターネット情報資源の収録期間は、いつからいつまでですか。探したい期間が十分カバーされていますか。

　情報の電子化は、わが国では1970年代以降から行なわれ始めました。ですから、明治や大正時代など、古い情報が蓄積されていない場合もあります。

　また、どのくらいの頻度で発行あるいは更新されていますか。週1回ですか、月1回ですか、あるいは年1回ですか。

　雑誌記事索引ならば、良く知っている、調査対象となる具体的な雑誌タイトルの最新の巻号を調べてみましょう。その雑誌タイトルの最新の巻号や発行年月日と、その雑誌記事索引に掲載された雑誌の巻号の差はどのくらいありますか。たとえば、雑誌記事索引で、ある月刊雑誌の最新記事は、今年の3月号であったとします。検索した日が5月とすると、その月刊雑誌の4月号と5月号の記事は、まだその索引に収録されていないことになります。つまり、4月と5月の雑誌については、直接図書館の雑誌架で調べないと、調査から漏れてしまいます。

c. 検索できる項目は何か

　検索画面にはどのような検索項目が挙げられていますか。

　資料や文献の場合は、著者名やタイトルなどの書誌事項だけでなく、テーマや内容から検索できる、件名や分類などの検索項目がありますか。その件名や分類を調べられるツールが画面にありますか。たとえば、国立国会図書館では「国立国会図書館典拠データ検索・提供サービス（Web NDL Authorities）」（→p.98）という「国立国会図書館件名標目表」を探すページがあります。

　出版年月日の範囲を指定できますか。抄録内容から検索できますか。

　すなわち、そのインターネット情報資源は、あなたが探したい項目で探すことができますか。

d. 検索機能

　（1）情報検索のしくみと機能（→p.175）で説明した、論理演算子やトランケーション機能は使えますか。使えるならば、どんな種類の機能を、どのような記号やしくみで使えますか。検索画面だけでは、わからないことも多いので、ヘルプや利用の手引きを読んでみてください。

e. 検索結果と原情報入手

　検索した結果一覧には、著者名やタイトルなどの書誌事項のほかに、内容の説明や抄録、キーワードが表示されますか。その一覧の表示の順番は、どのような配列になっていますか。分類別ですか、出版年順ですか、タイトルの五十音順ですか。適合度順の場合は、その配列の根拠は示されていますか。また、配列を利用者が変更することはできますか。

　原文や原情報が画面で見られるととても便利ですが、そうした機能はありますか。もしないならば、原文や原情報を入手できる他のサイトや、所在を検索できるサイトにリンクが張られていると便利です。

　自分の目的にあうテーマの情報を探すには、一種類のインターネット情報資源で間に合うということは少ないでしょう。

　上記で述べた、それぞれのインターネット情報資源の収録分野、収録対象情報源、採択基準、収録期間、更新頻度、検索項目、キーワード付与の特徴、検索機能などを把握した上で、複数のインターネット情報資源と冊子体のレファレンス資料も併用してください。それは、第9章（5）正しいレファレンス資料の使い方で述べた、c.必ず複数のレファレンス資料を使用する（→p.137）と同様です。

　調べるテーマに合う適切なインターネット情報資源がわからない場合は、遠慮なく図書館員に相談してください。

（3）情報検索の手順

　ここでは、情報検索の手順について説明します。例として、雑誌記事を探すことを想定して説明しますが、そのほかのインターネット情報資源でも基本的に同様の手順で進みます。図10.4を見ながら、以下の説明を読んでください。

ステップ1　検索テーマを分析する

　まず、あなたが検索したいテーマをよく分析します。第5章（2）相談をする前に（→p.65）で述べた各項目を、自問自答してみましょう。

　次にその検索テーマが、複数のテーマに分けられるならば、図10.1（→p.176）のような図を思い浮かべながら、サブテーマに分け、サブテーマ間の関係を見つけます。

　たとえば、「小学生の不登校について書かれた雑誌記事が欲しい」ならば、「小学生の不登校」が検索テーマです。そこで「小学生」というサブテーマと、「不登校」というサブテーマを、AND検索すればいいと分析します。

ステップ2　検索テーマを表現するキーワードを考える

　検索テーマを表現するキーワードを考えます。そのキーワードの同義語、関連語、上位語、下位語も考えます。検索しながら考えるのもいい

のですが、事前に考えておくと、検索結果にひきずられることなく網羅的な検索ができます。

たとえば「不登校」は「登校拒否」ともいいます。

コンピュータによる情報検索では、適切なキーワードを見つけられるかどうかが、結果の良し悪しを大きく左右します。第7章キーワードをうまく見つけるには（→p.89）をよく読んで、（4）キーワードを見つけるこつ（→p.94）を試みましょう。

ステップ3　論理演算子を使って検索式をたてる

次に、論理演算子を使って検索式を組み立てます。「小学生の不登校」というテーマは、「小学生」というサブテーマと、「不登校 OR 登校拒否」と表現されるサブテーマのAND検索になります。そうすると、検索式は、「小学生 AND（不登校 OR 登校拒否）」となります。

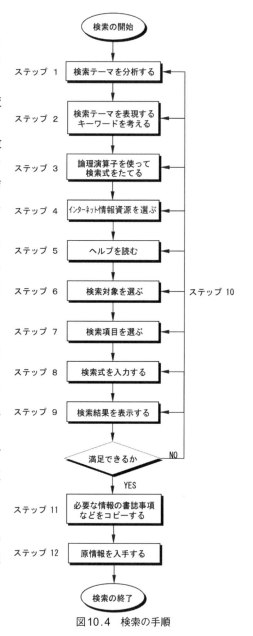

図10.4　検索の手順

ステップ4　インターネット情報資源を選ぶ

それではいよいよ、あなたの検索目的にあったインターネット情報資源を選んでください。

図書館で利用できる有料のインターネット情報資源は、パソコン画面に一覧されていたり、利用案内が壁に掲示されています。もし、どのインターネット情報資源を使ったらいいかわからないとか、起動する方法がわからない場合は、図書館員に聞きましょう。

ステップ5　ヘルプを読む

インターネット情報資源の検索画面が表示されたら、画面上の「ヘルプ」や「利用のしかた」などのメニューボタンを、まず探してください（図10.5参照）。これを読んでから始めると、インターネット情報資源の特徴や検索のしかたがわかり、間違いなく利用できると思います。図10.6は「CiNii Articles」の論理演算の説明のヘルプ画面です。

特に、キーワードが統制語か自然語（→p.92）か、トランケーションは何ができるか（→p.178）などは、キーワードの選択に大きく影響します。ヘルプを読んだ後で、もう一度キーワードを考え直しましょう。

でも、もし急いでいたなら、ヘルプがあることだけとにかく確認して、検索を始めてもいいでしょう。検索にいきづまったら、これを読むことを覚えておいてください。

図10.5　「CiNii Articles」のヘルプ

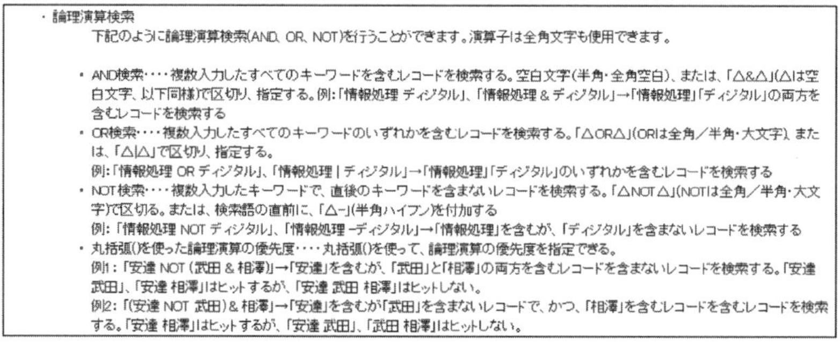

- ・論理演算検索
　下記のように論理演算検索(AND, OR, NOT)を行うことができます。演算子は全角文字も使用できます。

- ・AND検索‥‥複数入力したすべてのキーワードを含むレコードを検索する。空白文字(半角・全角空白)、または、「△&△」(△は空白文字、以下同様)で区切り、指定する。例:「情報処理 ディジタル」、「情報処理 & ディジタル」→「情報処理」「ディジタル」の両方を含むレコードを検索する
- ・OR検索‥‥複数入力したすべてのキーワードのいずれかを含むレコードを検索する。「△OR△」(ORは全角／半角・大文字)、または、「△|△」で区切り、指定する。
　例:「情報処理 OR ディジタル」、「情報処理 | ディジタル」→「情報処理」「ディジタル」のいずれかを含むレコードを検索する
- ・NOT検索‥‥複数入力したキーワードで、直後のキーワードを含まないレコードを検索する。「△NOT△」(NOTは全角／半角・大文字)で区切る。または、検索語の直前に、「△-」(半角ハイフン)を付加する
　例:「情報処理 NOT ディジタル」、「情報処理 -ディジタル」→「情報処理」を含むが、「ディジタル」を含まないレコードを検索する
- ・丸括弧()を使った論理演算の優先度‥‥丸括弧()を使って、論理演算の優先度を指定できる。
　例1:「安達 NOT (武田 & 相澤)」→「安達」を含むが、「武田」と「相澤」の両方を含むレコードを含まないレコードを検索する。「安達 武田」、「安達 相澤」はヒットするが、「安達 武田 相澤」はヒットしない。
　例2:「(安達 NOT 武田)& 相澤」→「安達」を含むが「武田」を含まないレコードで、かつ、「相澤」を含むレコードを含むレコードを検索する。「安達 相澤」はヒットするが、「安達 武田」、「武田 相澤」はヒットしない。

図10.6 「CiNii Articles」のヘルプ画面

ステップ6　検索対象を選ぶ

　検索画面に、「図書」「雑誌」や「人文科学」「社会科学」「科学技術」など、検索対象の種類や分野などの選択肢が示されている場合には、まず探したい対象を選びます。

　また、「2019年から2020年まで」のように、自分で期間の範囲を指定しなければならない場合もあります。このような場合には、検索したい刊行年月日を、指定されたとおりに入力します。

ステップ7　検索項目を選ぶ

　検索画面には、いろいろな検索項目が並んでいます。この中から、検索する検索項目を選びます。

　著者名がわかっているならば、著者名項目、タイトルを探したいなら、タイトル項目です。主題内容から探したいのならば、分類項目やキーワードを選びます。検索項目の意味や内容がわからなかったら、ヘルプで確認してください。

　どの検索項目を選んだらいいかは、第6章（4）どの検索項目を使ったらよいか（→p.72）も参考にしてください。

ステップ8　検索式を入力する

　その検索項目に、先ほど考えた、検索テーマを表現したキーワードや検索式を入力します。

　先ほどの例では、「小学生　AND（不登校　OR　登校拒否）」という長い検索式を事前に想定しましたが、検索式の入力では、まず「小学生AND　不登校」のように順番に検索式を入力し、結果を見てから検索語を増やしていくのがいいでしょう。いきなり長い検索式を入力すると0件になる可能性があります。検索式は、次の「ステップ9　検索結果を表示する」に記述するように、検索を繰り返して、より適切な式が作成されていきます。

　文字の入力のしかた（全角か半角か、漢字かヨミかなど）は、検索システムによって異なります。また、論理演算子も、（1）ａ．論理演算（→p.175）で述べたように、スペースであったり、特定の記号を用いる場合もあります。その検索システムで使用している記号や方法を使って検索式を入力します。

　キーワードや論理演算子の入力でわからなくなったら、画面上のヘルプを必ず読んでください。

ステップ9　検索結果を表示する

　検索した結果、適合した情報が何件あったかが表示されます。あまり多い場合には、さらにキーワードを入力して絞り込みます。キーワードでこれ以上絞り込めないならば、期間を限定する方法もあります。

　検索する内容にもよりますが、0件とか数件しか検索されない場合は、ここに至るまでのステップ1からステップ8の検索手順のどこかに問題があった可能性があります。もう一度検討し直してみましょう。特に検索テーマを表現するキーワードや検索式に問題があることが多いようです。

　検索結果の一覧も画面に表示します。とりあえず、タイトルや著者名など、どのような情報かを判断できる程度の書誌事項などを表示します。そのあと、その中からさらに詳しく見たいものを選択して、必要な資料かどうかを判断します。

　書誌事項の見方は、第8章書誌事項の書き方と見方（→p.102）を参照してください。

　検索結果が適切な件数であっても、それで十分であるかどうかはわかりません。重要な情報が漏れている可能性もあります。そこで、検索結果のタイトルや文章などの中に、同義語や関連語などのキーワードのヒントはないか気をつけて見てみましょう。

ステップ10　検索のやり直し

　求める情報とは違うものが検索されたり、いらない情報がたくさん含まれていたり、不満足な結果だったら、もういちど、ステップ1からステップ8のどこかに戻って検索をやり直します。検索のやり直しは、途中のどのステップからでも、気がついたときにいつでも行います。情報検索は、試行錯誤で進みます。

　どうしてもよい結果が得られないならば、遠慮なく図書館員に相談してください。

ステップ11　必要な情報の書誌事項などをコピーする

　必要な情報を画面で入手できない場合は、その書誌事項など入手に必要な情報を、メモしたり、コピーします。メモする際に、必要な書誌事項は第8章（1）必要な書誌事項（→p.103）で述べています。

ステップ12　原情報を入手する

　利用しているインターネット情報資源で、画面で原情報を閲覧できたり、入手できるサイトにリンクされているならば、簡単に原情報を入手することができます。しかし、書誌事項などしか表示されない場合には、原情報を入手するために、まず図書館に所蔵しているかを確認します。

　OPACを検索すれば、画面に請求記号が表示され、この請求記号で、図書館における所在を見つけ、原資料を入手できます。この手順は第6章（5）OPACで資料を探す手順（→p.76）で述べたとおりです。雑誌記事ならば、本章（5）雑誌記事を手に入れるには（→p.193）のような手順で入手しましょう。

（4）情報検索の実例

　ここでは「2018年から2019年までに刊行された、小学生の不登校について書かれた日本語の雑誌記事が欲しい」という検索テーマで雑誌記事索引を検索してみましょう。

　このテーマに適した、学術論文を中心とした雑誌記事索引のデータベース「CiNii Articles」（→p.119）を使うことにします。図10.7〜図10.9は、「CiNii Articles」を使って検索した実例です。

　「CiNii Articles」の検索画面には、「簡易検索」と「詳細検索」があります。「簡易検索」には「フリーワード」というボックスがひとつだけありますが、この検索項目は、登録されている論文の様々な項目（タイトル、著者名、抄録など）のどこかに合致した論文を検索しますので、ノイズが多くなる恐れがあります。図書館のOPACの簡易検索に該当します。そこで、今回は「詳細検索」で検索することにします。

　検索テーマは、前項(3)で分析したように「小学生　AND　不登校」という検索式で表わされますが、さらに、同義語を考えて、「小学生AND（不登校　OR　登校拒否）」という検索式を事前に想定しました。

　検索画面を見てみましょう（図10.7参照）。

　上部に「タイトル」という検索項目があります。「CiNii Articles」では、主題内容に限定して検索する項目は、この「タイトル」しかありません。この検索項目は、雑誌記事に記述されたタイトルのどこかに、入力した語と一致したものを探しだします。つまりタイトルの中間一致検索をします。

　画面下部に「ヘルプ」がありますので、論理演算子を確認しておきます（図10.6→p.186）。マニュアルによると、「CiNii Articles」のAND検索は「空白」または「＆」、OR検索には「OR」または「｜」、NOT検索には「NOT」または「-」(半角ハイフン）を使い、丸括弧を使って論理演算の優先順を指定することができることがわかります。

　では検索を始めましょう。

　当初考えた「小学生　AND（不登校　OR　登校拒否）」という検索

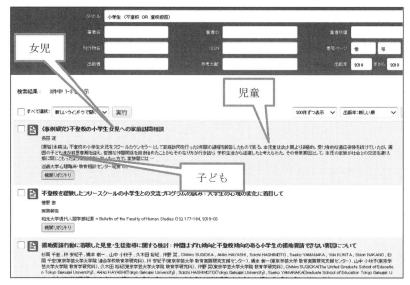

図10.7 「CiNii Articles」の検索結果1

式を、この論理演算のルールに従い、「タイトル」のボックスに「小学
生　(不登校　OR　登校拒否)」と入力します。さらに、出版年に「2018
年から2019年」と指定します。

　そうすると検索結果は3件でした（2019年9月現在）（図10.7参照）。
この検索結果のタイトルを見ると、だいたい目的に合っているようです。
図10.7では見にくいのですが、タイトル中の入力した語に該当する部
分は、黄色のハイライトがされています。

　それぞれ、タイトルのほかに、論文の内容を短くまとめた抄録や、著
者名、雑誌名、巻数号数、ページなどの書誌事項が書かれています。「CiNii
Articles」の中には、原論文や原論文を公開している機関にリンクが張
られている論文があります。図10.7の中に「機関リポジトリ」という
ボタンがある論文は、原論文を公開している大学や学会のサイトに飛ん
で原文を閲覧できることを示しています。

　ここでは、テーマにある論文を取りあえず網羅的に検索しますので、
論文を読むのはあとにしましょう。

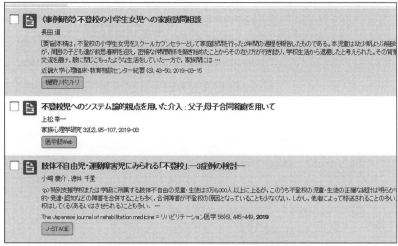

図10.8　「CiNii　Articles」の検索結果2

　さて、3件は少ないように思います。検索結果を見てみると、タイト
ルに「女児」という語があります。その抄録の中に「児童」や「子ども」
という語もあります。これを見ると、「小学生の不登校」を扱った論文
のタイトルには、「小学生」だけでなく「児童」や「子ども」という表
現でタイトルがつけられている論文もあるかもしれません。このように、
情報検索では、検索した結果をよく吟味して、実際に検索した情報から
ヒントを見つけることが重要です。

　そこで「児　（不登校　OR　登校拒否）」と入力してみると、44件ヒッ
トし、「女児」「児童」だけでなく「不登校児」「肢体不自由児」「運動障
害児」などの語も検索されました（図10.8参照）。

　次に「子ども　（不登校　OR　登校拒否）」と入力してみると、43件
ヒットしました。検索結果を全部見てみると、テーマに適合する論文の
ようです。

　そこで、これらの検索式をまとめて「（小学生　OR　児　OR　子ど
も）（不登校　OR　登校拒否）」と入力してみると、重複した記事があ
るので85件検索されました（図10.9参照）。

　このように、事前に考えた検索式「小学生 AND（不登校 OR 登校拒

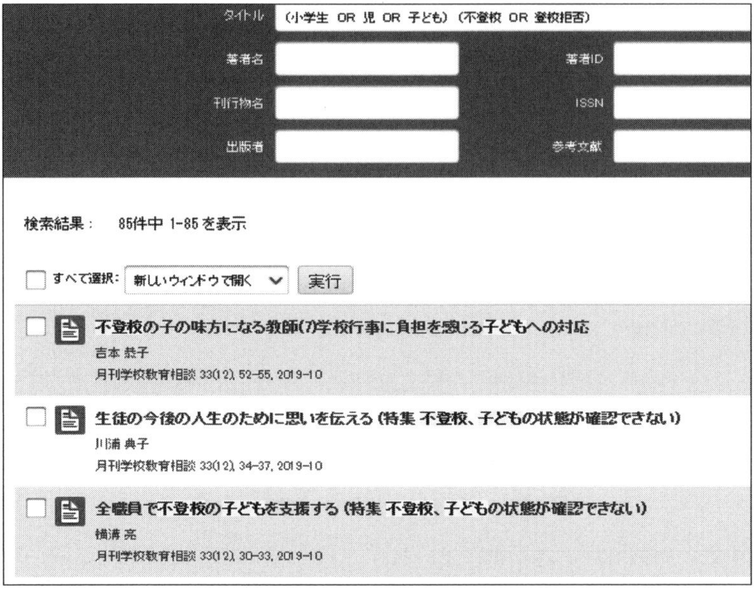

図10.9 「CiNii Articles」の検索結果3

否)」では、3件しかヒットしなかったわけですが、検索結果をよく見て
検索式を変えると85件になりました。もう少し、各論文の抄録や原文
などを見てみると、他にも適切なキーワードが見つかるかもしれません。

　このように、著者が記述した語（自然語）のキーワードを使用する場
合は、検索された件数が十分と思われたとしても、注意深く検索結果の
タイトルや抄録を見てください。必要な同義語や関連語、上位語、下位
語が見つかることがあります。統制語のキーワードならば、件名標目表
（→p.98）などのキーワードリストを見てください。

　次に、この85件の一覧や詳細画面を表示させ、それぞれの書誌事項
をよく吟味し、目的にあっているかどうかを検証してください。

　以上のように情報検索は、検索した結果をよく吟味して、情報に漏れ
のないかをよく検討し、テーマに適合する情報を試行錯誤で探し出すも
のなのです。

（5）雑誌記事を手に入れるには

　回答型のインターネット情報資源、たとえば「e-Stat」（→p.161）や「ジャパンナレッジ」（→p.123）は、検索した後、求める原情報がパソコン上で閲覧できます。「聞蔵Ⅱビジュアル」（→p.170）などの新聞記事データベースも原文を画面で入手できます。しかし、案内型の雑誌記事索引や書誌は、原情報がパソコン上で閲覧できないものが多いのが現状です。図書などについては、第6章OPACのしくみと探し方（→p.70）で説明したので、ここでは雑誌記事の入手方法について紹介します。

　上記の「CiNii Articles」でも、電子ジャーナルの論文は、機関リポジトリなど外部のリンク先が示されていて、本文をネット上で閲覧できるものもあるのですが、全てではありません。

　どんな記事が、どんな雑誌に掲載されているかを探しだしたら、次に、転記したメモやコピーを持って、まず自分の図書館の資料の中からその記事が掲載されている雑誌を探します。

　最近の雑誌ならば、通常は図書館の雑誌コーナーで見つけることができます。探している雑誌が古い雑誌ならば、図書館によっては製本して別の書架に別置してあったり、あるいは閉架書架に移動している場合があります。その図書館の雑誌の管理の方法にしたがって探してください。

　雑誌架に見つからない場合には、いくつかの理由が考えられます。

　第一に、あなたの図書館には所蔵していない場合があります。そこで、図書館の雑誌所蔵目録を探して所蔵を確認します。雑誌所蔵目録は、OPACになっていたり、ホームページ上に雑誌リストとして別に掲載されている場合もあります。雑誌所蔵目録は、所蔵している雑誌名と、いつから所蔵されているか、欠号となっている巻号は何号か、どこに配架されているかを調べることができます。

　雑誌所蔵目録に記載されているにもかかわらず、雑誌架にない場合には、その雑誌が誰かに貸し出されているか、閲覧されている、あるいは紛失していることが考えられます。このような場合には、図書館員に尋ねてください。

　雑誌所蔵目録を探して、その雑誌を所蔵していない場合、あるいは必要な号が欠号になっている場合には、他の図書館にないかどうかを調べます。図書館によっては、協力関係にある他の図書館の雑誌所蔵目録や総合目録があります。「国立国会図書館サーチ」(→p.116)でも探せます。

　大学図書館間の総合目録データベース「CiNii Books」(→p.118)では、入手したい図書や雑誌を所蔵している大学図書館を調べられます。図10.10では、『心とからだの健康：子どもの生きる力を育む』という雑誌が、全国の大学図書館など42館に所蔵されていることがわかります。たとえば、愛知学院大学図書館情報センターでは、この雑誌を11巻から22巻まで所蔵し、継続して入手しています。最後の「＋」は継続して購入していることを示しています。右端の緑のボタン「OPAC」をクリックすると、大学のOPACにリンクされています。

　こうした総合目録を使ったり、図書館に直接問い合わせたりして、求

図10.10　「CiNii Books」の雑誌所蔵検索画面

める情報の所在をつきとめます。他の図書館を利用したり、複写を依頼するには、紹介や手続きが必要ですから、図書館員に相談してください。

(6) うまく検索できない場合は

インターネット情報資源の検索で、うまく情報が得られない理由には、探すテーマが絞り込めていなかったり、適切なインターネット情報資源を選んでいなかったり、キーワードがうまく見つけられないことが考えられます。このような場合は、第5章 (2) 相談をする前に (→p.65) や、第7章キーワードをうまく見つけるには (→p.89)、そして本章を参考にして、もう一度検索してみてください。それでもうまく検索できなかったら、気軽に図書館員に聞いてください。

インターネット情報資源の検索方法は、検索システムによって、それぞれ特徴がありますから、慣れないとなかなかうまく検索できないかも知れません。

ともかく、情報検索でわからないことがあったら、図書館員に尋ねてください。

付　録

付録Ⅰ　もっと知りたい人のために　・・・・・・・・・・・199

付録Ⅱ　用語解説　・・・・・・・・・・・・・・・・・・・・・・・・・・206

付録Ⅰ　もっと知りたい人のために

　本書を読んで、もう少し幅広くあるいは専門的な図書館利用法や情報検索を望んでいる読者のために、参考になる図書を選び簡単な解説をつけました。

　2011年以降に刊行されている図書で、一般の人でもわかりやすいと思われるものを選択しています。エッセイや大学の司書課程を対象とした教科書、図書館員向けの専門書は除いています。2010年以前の資料については、本書の初版（1993）および新訂版（2002）新訂3版（2011）の付録Ⅰをご覧ください。図書内容を大まかに分類して、書名の五十音順に配列しています。

　このほかにも有用な図書や文献がたくさんあります。ぜひ自分で探してみてください。

1.　レファレンス資料

＜辞典＞

図書館情報学用語辞典　第4版　日本図書館情報学会用語辞典編集委員会編
丸善　2018　284p.
　図書館情報学全般とその隣接領域の専門用語約1,700語が解説されています。巻末に欧和対照表がついています。

図書館用語集　4訂版　日本図書館協会用語委員会編　日本図書館協会
2013　368p.
　図書館員や図書館学を学ぶ学生を対象として、図書館用語734項目を平易に解説しています。巻頭に和文索引、巻末に欧文索引がついています。

＜ハンドブック＞

図書館ハンドブック　第6版補訂2版　日本図書館協会図書館ハンドブック
編集委員会編　日本図書館協会　2016　694p.
　図書館のサービス、経営、資料、分類や目録、職員や施設などについて、幅広く実務的に解説しています。主に図書館で働く人や図書館学を学ぶ人のためのものですが、図書館に関心を持つ利用者にも利用できます。

＜年鑑・統計＞

図書館年鑑　日本図書館協会図書館年鑑編集委員会編　日本図書館協会
1982-　年刊
　わが国の図書館に関する1年間の概況と統計資料、図書館関係資料、図書
　館関係書誌などを収録している年鑑です。

日本の図書館：統計と名簿　日本図書館協会調査事業委員会編　日本図書館
協会　1952-　年刊
　公共・大学図書館を主な対象として、調査に基づいた基本的な統計と名簿
　を掲載しています。統計の分析は『図書館年鑑』でおこなっています。

＜レファレンス資料の書誌＞

図書館・読書・出版レファレンスブック　日外アソシエーツ　2014　252 p.
　1990年から2013年に国内で刊行された、図書館（博物館など類縁機関を
　含む）・読書・出版に関する約1700点のレファレンス資料を、図書館、博
　物館、文学館、読書、出版に大別し、さらに書誌、事典などの形式に分け
　て解説しています。

2. 図書館ガイドブック

首都圏大学図書館ガイド：オトナの知的空間案内　メイツ出版　2015
128 p.
　首都圏にある、一般に公開している大学図書館59館を取材し、1館毎に見
　開き2頁ほどで利用案内がまとめられています。カラー写真が多用されて
　います。

図書館へ行こう　洋泉社　2016　111 p.（洋泉社MOOK）
　日本全国の約90館の図書館を取材し、カラー写真とともに掲載していま
　す。座談会やコラムで図書館員の仕事や図書館のしくみも述べられていま
　す。

もっと楽しむ図書館マスターガイド　キョーハンブックス　2012　239 p.
　全国の専門図書館および東京都を中心とした公共図書館など717館を掲載
　しています。医療情報を探せる大学図書館や病院図書館が特集でリストさ
　れています。巻末に索引があります。

3. 図書館員と仕事

司書になるには　森智彦　ぺりかん社　2016　155p.（なるにはBOOKS ; 19）
　図書館員、司書教諭、学校司書をめざす人に、図書館の仕事や資格の取得法、適性、就職や収入の実態などについて、現職の図書館員のドキュメントを交えて具体的に解説しています。2002年版の改訂版です。

司書のお仕事：お探しの本は何ですか？　大橋崇行　勉誠出版　2018　255p.（ライブラリーぶっくす）
　司書課程の大学生や司書をめざす高校生に向けて、図書館員の仕事の内容をわかりやすく、物語で、解説しています。

図書館員への招待　4訂版　塩見昇編著　教育史料出版会　2012　223p.
　図書館員の仕事と司書課程の科目、採用試験の内容や現状を解説し、実際に働く図書館員の声も収録しています。

図書館をめざす人へ　後藤敏行　勉誠出版　2016　228p.（ライブラリーぶっくす）
　図書館員の仕事や資格取得の方法などの説明と、公共・大学・専門図書館などに勤める図書館員へのインタビューから構成されています。

4. 図書館について

新しい時代の図書館情報学　補訂版　山本順一編　有斐閣　2016　233p.（有斐閣アルマ）
　図書館の機能や現状、課題と図書館情報学について、司書課程の学生や市民を対象に平易に書かれた入門書です。巻末に索引が付いています。

生きるための図書館：一人ひとりのために　竹内哲　岩波書店　2019　224p.（岩波新書　新赤版　1783）
　市立図書館の1日の見学記からはじまり、子どもの読書活動、図書館制度、災害と図書館、学校図書館、図書館ネットワークなど、図書館サービスの歴史や現状をさまざまな観点から述べています。

知って得する図書館の楽しみ方　吉井潤　勉誠出版　2016　230p.（ライブラリーぶっくす）
　図書館のサービスや分類のしくみ、さまざまなイベントの現状など、実際

の例を示しながら、初めての人にもわかりやすく、図書館の利用法について解説しています。

情報リテラシーのための図書館　根本彰　みすず書房　2017　232p.
　わが国の図書館や図書館員の課題を、情報リテラシー教育や社会・文化史、教育制度などの観点から浮き彫りにして論じています。

つながる図書館：コミュニティの核をめざす試み　猪谷千香　筑摩書房　2014　238p.（ちくま新書1051）
　全国各地の公共図書館の中でも、ユニークで新しい試みを行っている図書館を取材し、レポートしています。

図書館情報学を学ぶ人のために　逸村裕, 田窪直規, 原田隆史　世界思想社　2017　244p.
　図書館情報学を学ぶ人を対象として、図書館情報学の各分野の研究者が、図書館を知識の伝達と共有ととらえて、関係するさまざまのテーマについて解説をしています。各章に参考文献、巻末に索引がついています。

図書館のしごと：よりよい利用をサポートするために　国際交流基金関西国際センター編著　読書工房　2013　233p.
　本書は、海外で日本に関連する図書を扱う図書館員が、日本の図書館に関する知識を得るために企画されましたが、写真やイラストを多用し、わかりやすい文章で解説されていますので、国内の一般市民が図書館の知るための入門書としても利用できます。巻末索引があります。

図書館のすべてがわかる本　こどもくらぶ編　岩崎書店　2012-2013　4冊
　図書館の歴史や、図書館の役割、世界の図書館ガイド、図書館の使い方をテーマに4分冊からなる、図書館を理解するための小学生向けのシリーズです。小学生向けに易しくイラストを多用していますが、大人でもわかりやい本です。

図書館のトリセツ　福本友美子, 江口絵理著, スギヤマカナヨ絵　講談社　2013　152p.
　小学生中級向けに、図書館の使い方を、イラストを用いて説明しています。

図書館のひみつ：本の分類から司書の仕事まで　高田高史監修　PHP研究所　2016　63p.（楽しい調べ学習シリーズ）

楽しい調べ学習シリーズの中の1冊で、小中学生むけの調べ学習をする際に知っておくべき図書館の基礎的知識について、イラストや写真を用いてやさしく書かれています。

ニューヨーク公共図書館：エクス・リブリス　フレデリック・ワイズマン監督　2017　ジポラフィルム

世界的に有名なニューヨーク公共図書館の舞台裏を、ドキュメンタリーで紹介したアメリカの映画で、2019年に日本で一般公開されています。英語のDVDが発売されています。原題は『Ex Libris: The New York Public Library』。

夜明けの図書館　埜納タオ　2011-2019　双葉社　6冊

公共図書館の新米図書館員を主人公として、レファレンス・サービスをテーマにした漫画です。フィクションですが、実際のレファレンス・サービスを彷彿とさせる内容で、図書館を身近に感じさせます。

5. 情報の調べ方・情報検索

インターネットで文献探索　2019年版　伊藤民雄　日本図書館協会　2019　203p.　（JLA図書館実践シリーズ7）

世界の図書・雑誌・新聞、視聴覚資料や新聞雑誌記事に関する調査をするのに有効なサイトやデータベースを紹介しています。3年毎くらいに改訂されています。索引があります。

学校図書館で役立つレファレンス・テクニック―調べる面白さ・楽しさを伝えるために―　斎藤誠一　少年写真新聞社　2018　135p.

公共図書館におけるレファレンス・サービスの経験をもとに、レファレンスの心得やテクニック、レファレンス資料などについて、事例を交えてやさしく解説しています。

検索スキルをみがく：検索技術者検定3級公式テキスト　原田智子編著　吉井隆明・森美由紀著　INFOSTA監修　樹村房　2018　144p.

情報科学技術協会が実施する検索技術者検定3級のテキストとして刊行されていますが、一般の人々の情報検索のための入門書として利用できます。情報検索の基礎的な知識や理論から、検索エンジンのしくみ、便利なインターネット情報源、知的財産権、情報セキュリティまで幅広い体系的な内

容です。用語解説と索引がついています。

実践型レファレンス・サービス入門　補訂版　斉藤文男，藤村せつ子　日本図書館協会　2014　203p.　（JLA図書館実践シリーズ　1）

　　レファレンス・サービスの基礎知識やプロセスを、豊富な事例をあげて、体系的にまとめています。図書館員向けですが、一般の人にも情報探索の実際がよくわかります。巻末に索引があります。

スキルアップ！情報検索：基本と実践　中島玲子，安形輝，宮田洋輔　日外アソシエーツ　2017　200p.

　　第Ⅰ章基本編で、データベース情報検索のしくみや検索手順、サーチエンジンの概要や使い方など、基本的な知識を説明したのち、第Ⅱ章実践編で、図書、雑誌記事など種類別に例題を示して検索の実際をやさしく解説しています。第Ⅲ章では、さまざまな検索の裏ワザを紹介しています。巻末に索引があります。

デジタル情報資源の検索　増訂第5版　高鍬裕樹　京都大学図書館情報学研究会　日本図書館協会（発売）　2014　94p.（KSPシリーズ18）CD-ROM付

　　ネットでの情報検索のしかたと、人物や法律などのテーマ毎に有用なデジタル情報資源を紹介しています。初版から2年毎くらいで改訂されています。

図書館で調べる　高田高史　筑摩書房　2011　175p.　（ちくまプリマー新書　160）

　　図書館員の経験をふまえて、分類や配架のしくみやキーワードの使い方など具体例を挙げながら、図書館での調べ方のコツを伝授しています。

図書館徹底活用術：ネットではできない！信頼される「調べる力」が身につく　寺尾隆監修　洋泉社　2017　173p.

　　図書館における検索方法や館内利用法、ビジネス支援の活用など、図書館利用のコツについて、ひとつのトピックを1～2頁でまとめて紹介しています。巻末には、分野別の専門図書館ガイドが掲載されています。

文献調査法：調査・レポート・論文作成必携（情報リテラシー読本）　第8版　毛利和弘　日本図書館協会（発売）　2019　236p.

　　人文・社会科学系を中心に、本・雑誌記事・新聞記事および人名や事実調査を探すための方法と、有効な内外のレファレンス資料・データベース・

インターネットなどをていねいに詳しく紹介しています。図版が多く、ところどころに息抜きの囲み記事があります。索引が付いています。

法情報の調べ方入門：法の森のみちしるべ　補訂版　ロー・ライブラリアン研究会編　日本図書館協会　2017　202p.（JLA図書館実践シリーズ28）

　　法律の初心者を対象にして、法律の基礎的な知識から、法令や判例、審決・裁決、法分野の人物などの情報の探し方をわかりやすく解説しています。索引が付いています。

リーガル・リサーチ　第5版　いしかわまりこ，藤井康子，村井のり子　日本評論社　2016　439p.

　　法学部の学生を念頭に、法学分野の調査のための基礎知識や、調べるための資料・データベースの特徴や調べ方をわかりやすく解説しています。法令や判例など法学分野の資料だけではなく、図書・雑誌記事・新聞記事や人物、ことば、統計など一般的な調査のための資料も幅広く取り上げています。索引が付いています。

レファレンス・ブックス：選び方・使い方　3訂版　長澤雅男，石黒祐子　日本図書館協会　2016　242p.

　　どのようなレファレンス資料が、どのような情報を提供するのか、具体的なレファレンス資料約840冊の特徴を解説しています。巻末にタイトル索引と事項索引があります。

付録 II　用語解説

　この用語解説は、本書に出現した主な用語を簡単に解説しています。図書館を利用したり、情報探索をするために必要な、基本的な用語を選びました。

　和文項目は、よみの五十音順に前置し、長音、中黒は無視し、拗音と促音は直音とし、濁音と半濁音は清音として配列しています。英文項目は、ローマ字およびローマ字書きのABC順で後置しています。

　「を見よ」参照は→で表しています。

　この用語解説は本書の索引に、本文とともに索引されています。

【あ行】

一次資料　オリジナルな文献や情報。一次情報ともいう。二次資料に収められた原資料をさす。

移動図書館　自動車に資料を積んで、図書館のない地域に定期的に巡回し、貸出をする図書館。

インターネット情報資源　一般的にはインターネットを介して検索、入手することができる情報や資料の総称。本書では、特にインターネット上に公開されたレファレンス資料をさす。

引用文献　著作の中で引用した文献や情報源をさし、通常、著作の巻末や章の最後にそのリストが記載される。

閲覧　図書館の所蔵資料を館内で利用すること。

奥付　資料の巻末に、著者名、出版者、出版年などをまとめて記したもの。

オーディオビジュアル資料　→視聴覚資料

【か行】

開架書架　利用者が自由に手に取ることができるオープンな書架。閉架書架の反対。

会議資料　学協会や研究会が開催する会議で発表される、発表論文や発表論文集、予稿集、会議録をいう。

下位語　より下位の狭い概念の語をいう。たとえば「酒」に対する「ビール」。主にシソーラスで用いられ、狭義語ともいう。

学術雑誌　大学、研究機関、学術団体などが発行する学術的論文を掲載した雑誌。通常は会員のみが入手できる。

貸出　図書館の所蔵資料を館外に借り出すこと。

貸出カード　→ 利用カード

学校図書館　生徒および教師を対象として、小・中・高等学校に設置された図書館。

カード目録　統一された大きさのカードに、一件毎に資料の書誌事項が記載され、カードケースに一定の配列で並べられた目録。

巻号　雑誌やシリーズの巻号数をさす。雑誌では、通常巻数は一年を通し、号数は各冊毎に振られる。

関連語　関連する意味を持つ語。たとえば「資料」と「情報」。主にシソーラスで用いられる。

規格　主に製品やその生産工程などについて定められた、技術的な基準をいう。

機関リポジトリ　大学や研究機関が、その所属する教員や研究者が作成した論文などを、電子的に蓄積・保管し、提供するシステムをいう。

紀要　主に大学から刊行される、教職者が研究成果を公表するための研究論文誌。

業界紙　ある業界を対象として編集し発行する新聞。

郷土資料　→地域資料

キーワード　主に情報検索で使用される用語で、情報を探すための検索キーをいう。検索語ともいう。

禁帯出　図書館から持ち出しを禁止するという意味で、レファレンス資料など貸出できない図書の背表紙に「禁」というラベルが貼られる。

研究調査報告書　研究機関、大学、学協会あるいは官公庁などで作成される研究報告書、調査資料、技術資料などをいう。

検索エンジン　インターネット上の情報を検索するためのシステム。サーチエンジンともいう。

検索語　→ キーワード

検索項目　データベースに蓄積された情報を検索するための項目で、著者名や出版年などがある。フィールドともいう。

検索式　キーワードと論理演算子などを組み合わせて作られる式をいう。

件名　資料の主題を表す統制された語や句。

件名標目表　件名を配列したリスト。

公共図書館　地域の全住民が利用し、情報サービスを受けられる、地方公共団体が設置、運営する図書館。

購入リクエスト　所蔵していない資料を購入するよう、図書館にリクエストする制度。他館に所蔵されている場合には、他館から借りることもできる。

後方一致　→トランケーション

国際標準図書番号　→ISBN

国立国会図書館　国が管理運営する、国会、行政、司法とともに国民全体に対して情報サービスをする図書館。わが国の納本図書館であり、全国の図書館ネットワークの中心として機能する、わが国を代表する図書館である。

個人書誌　特定の個人の著作やその人物に関する著作を集めたリストをいう。人物書誌ともいう。

【さ行】

サイト　→Webサイト

索引　論文のひとつひとつや資料の内容を探すために、その内容を表すことばや記号と、参照情報、書誌事項や所在、ページ数などを一定の配列でリストしたもの。

索引作業　資料や情報に分類記号や件名、キーワードを付与する業務をさす。

サーチエンジン　→検索エンジン

雑誌　同じ誌名で、定期的に刊行され、順番に番号がつき、1冊の中に複数の論文や記事が編集されている逐次刊行物をいう。

雑誌記事索引　複数タイトルの雑誌に掲載された雑誌記事などを探すために、作成された索引。著者、タイトル、事項などから、該当する論文記事を探しだすことができる。

参考調査　→レファレンス・サービス

参考調査室　→レファレンス・コーナー

参考図書　→レファレンス資料

参考文献　著作を著すにあたって参考にした情報源や資料をさし、通常著作の巻末や章の最後にリストが掲載される。

参照　ひとつの事項から別の事項へ案内すること。「を見よ」や「をも見よ」がある。

シソーラス　情報検索において、使用するキーワードを決め、キーワード間の上下関係、同義関係、関連関係などの意味的な関係を明記した辞書をいう。

視聴覚資料　文字ではなく音や画像を媒介として、視覚や聴覚で読み取る資料。DVD、映画、スライド、レコード、カセットテープ、写真、模型、絵画など。AV（オーディオビジュアル）資料とも称される。

事典　→ 百科事典、専門事典

辞典　ことばを見出し語にして、ことばの意味や成り立ち、用例などを解説し、一定の順序で配列したレファレンス資料。

自動車図書館　→ 移動図書館

主題書誌　ある専門分野やテーマに関する図書や雑誌記事を集めたリストをいう。

出典　ある情報をもたらした情報源。情報源となった資料の書誌事項が記述される。

出版者　資料を出版した会社、団体、個人。

出版年　資料が刊行された年。最新版の最初の刊行年をさす。

上位語　より上位の広い概念の語をいう。たとえば「ビール」に対する「酒」。主にシソーラスで用いられ、広義語ともいう。

商業雑誌　民間の出版社が編集発行する雑誌。

情報検索　あらかじめ蓄積されている情報の中から必要な情報を探しだすこと。

商用データベース　一般に公開され、契約をすれば利用できる有料のデータベース。

抄録　著作の内容を的確に短くまとめた文章。

抄録誌　ある分野の雑誌論文などの書誌事項と抄録を、一定の規則で配列した逐次刊行物。著者、タイトル、事項索引などから探すことができる。

書誌　ある著者やある主題などに関係する資料のリスト。収録された資料の所在が明らかでないので、目録とは区別される。

書誌事項　資料のタイトル、著者名、版次、出版者、出版年など、他の資料と識別するために用いられるもの。

所蔵目録　図書館が所蔵している資料のリスト。資料の書誌事項と所在が記載され、カード、冊子、データベースなどの形態がある。

シリーズ　→叢書

新書　新書判と呼ばれる173×106mmほどの小型の大きさで刊行される叢書をさす。岩波新書、中公新書などがある。

深層ウェブ　検索エンジンでは探せないウェブ上の情報をいう。図書館のOPACやデータベースなどがある。

人物書誌　→個人書誌

新聞　日刊や週刊など、短い間隔で刊行され、ニュース、論説など日常の出来事を掲載する定期刊行物。

新聞記事索引　新聞記事を探すための索引で、キーワードなどから探すことがで

きる。

新聞縮刷版 1ヶ月分の新聞の版面を縮小し編集した冊子。

人名事典 人名を見出し語にして、生没年、業績、著作、伝記などを解説し、五十音順やアルファベット順に配列したレファレンス資料。

人名録 主に現在活躍中の人名や住所、所属などを簡潔に記載し、配列したレファレンス資料。

図鑑 あるものやことがらに関して、絵や写真でその形や色、構造などを示したレファレンス資料。

ストーリーテリング 覚えた話を語って聞かせる、主に児童向けに行なわれる図書館サービス。

請求記号 図書館の資料を識別し、書架の配架場所を特定する記号。分類記号と図書記号からなる。

政府刊行物 政府が刊行する資料で、国の政治や経済、社会の実態を知ることができる。官報、白書、有価証券報告書、各種報告書などがある。

製本 散逸を防ぎ、長期間の使用に耐えるよう、複数の雑誌をまとめたり、堅固な装丁にしなおすこと。

全国紙 全国を対象として編集し発行されている新聞。朝日・毎日・読売など。

前方一致 →トランケーション

専門事典 ある専門分野に限定して、その分野のことがらやことば、人名、地名などを見出し語にして解説し、通常五十音順やアルファベット順に配列したレファレンス資料。

専門図書館 特定の専門分野の情報を収集し、情報サービスしている図書館で、企業や団体が設置している場合が多い。

総合目録 複数の協力関係にある図書館の所蔵資料の目録で、求める資料を所蔵している図書館を調べることができる。

相互協力 →図書館ネットワーク

相互貸借 →図書館ネットワーク

総索引 雑誌などの巻末につけられる、通巻の索引や、複数の資料の総合索引をいう。

叢書 個々の書名の他に、そのグループの総合的なタイトルをつけて刊行されるもの。番号が順番につけられていることもある。講座、大系、新書、文庫など。双書、シリーズともいう。

蔵書印 資料のどこかに押される、図書館の蔵書であることを示す印。

蔵書目録　→所蔵目録

相談サービス　→レファレンス・サービス

総目次　雑誌などの巻末につけられる通巻の統合された目次。

【た行】

大学図書館　教職員や学生への情報提供のために、大学や短期大学、高等専門学校が設置する図書館。

大活字本　高齢者や弱視者のために、普通より大きな活字で組まれ印刷された図書。

タイトル　資料、本、論文、記事などの標題、名称。

対面朗読　利用者の希望する資料を、読み手が対面しながら読むサービスで、図書館で対面朗読を行うための部屋を対面朗読室という。

多文化サービス　主に移民や移住労働者などのマイノリティ市民を対象とした、外国語言語資料の収集と提供を中心としたサービスをいう。

単行本　単独に出版された図書。単行書ともいう。

地域資料　図書館のある地域に関連する資料。行政資料や郷土史、地域情報を含む。郷土資料ともいう。

逐次刊行物　共通のタイトルで、終りを予定することなく、継続して発行される出版物。雑誌、新聞、年鑑、会議資料などがある。

地図帳　複数の地図を1冊にまとめたレファレンス資料。

地方紙　ある地域の住民を対象として編集され発行される新聞。

地名事典　行政地名、歴史地名、自然地名などを見出し語として配列した、地名を調べる専門事典。

中間一致　→トランケーション

注記　目録の記述のうち、主要な書誌事項以外に必要とされる、その資料の内容、形態などに関する記述。備考のようなもの。

著作権　著作物を創作した著作者に与えられる経済的・精神的権利。

著作権法　著作者の権利を守るための法律で、現在の日本著作権法は1970年に制定された。

著者　著作をした個人、団体。編者や訳者などを含むこともある。

著者記号　同じ分類記号の図書を、著者名順に配列するための記号。

著者標目　所蔵目録において、原情報に記載された著者名そのものではなく、図書館で作成された著者名典拠リストに基づいて統一して付与された著者名をい

う。

通巻号　雑誌などの定期刊行物で、巻号数とは別に、創刊号から順番に付けられている号数。

定期刊行物　定期的に出版される逐次刊行物。雑誌、新聞など。

デジタルアーカイブ　収集した資料をデジタル化し、蓄積・保存し、利用できるようにしたもの。

データベース　情報を収集、分析、加工し、コンピュータを用いて、蓄積、処理をした情報のファイル。

データベース検索　データベースを使って、目的に合致した情報を探し出すこと。

電子ジャーナル　コンピュータ可読の雑誌。電子雑誌ともいう。

電子資料　電子形態の図書、雑誌、新聞、Webページ、電子メールなどの資料や文書を総称したもの。

点字図書　点字で書かれた視覚障害者のための図書。

同義語　同じ意味をもつ、表記や音の異なる語。たとえば「図書」と「書籍」。主にシソーラスで用いられる。

統計資料　各種の統計データを収録した統計書、統計年鑑、統計年報などをいう。

図書館　利用者の情報要求に必要な情報を収集し、整理、保存して、利用者に情報提供サービスする機関。情報センターなども含む。

図書館員　図書館を含む情報サービスシステムを運営・管理し、情報と利用者の間に立って、情報の円滑な流通をはかる、その主題分野と情報管理に精通した情報の専門家。

図書館カード　→ 利用カード

図書館情報学　情報の特性や情報の生産、収集、組織化、蓄積、検索、提供、管理に関する理論と技術、技能。

図書館ネットワーク　図書館が互いに協力しあい、資料の閲覧や貸借、文献複写コピー、レファレンスサービスなどを行うことをいう。

図書記号　請求記号のうち、分類記号の下に表示される記号で、同じ分類記号をもつ他の資料と区別するためのもの。一般には、著者記号を含む。

特許資料　特許公報、特許抄録など特許制度にともない発行される資料。

特許制度　産業上有用な発明を行った者に対して、一定期間その発明の実施独占権を与え、発明の内容を一般に公表させる制度。

トランケーション　情報検索で、キーワードの一部分を指定して検索する方法。前方一致、後方一致、中間一致、前後一致などがある。

【な行】

二次資料　一次資料を集めて加工・編集し、情報を探し出すために作成された資料。二次情報ともいう。狭義には、書誌・索引・目録をさす。

年鑑　ある主題のもとに年に1回刊行される、前年のニュース、出来事、統計、記録などを要約し網羅したレファレンス資料。

年表　さまざまなことがらを、年代順に配列し、一覧できるようにしたレファレンス資料。

納本制度　出版された資料を、国立図書館に納入する制度。

【は行】

白書　官公庁が刊行する、政治、経済、社会の実態を解説した資料。

パスファインダー　特定のテーマを調査するための資料や調べ方をまとめたリーフレットで、最近は図書館のホームページで提供される。

バックナンバー　以前に出版された古い雑誌の号をいう。

版次　どの版面で刷った印刷物かを表示したもの。第2版、新版、改訂版など。

ハンドブック　ある分野のことがらを図や統計、写真を使って簡潔に解説し、体系順に配列した携帯に便利なレファレンス資料。便覧も同様の資料である。

凡例　資料の編集方針や利用のしかた、記号や記述を読解するために巻頭に示される解説。

百科事典　あらゆる分野の知識を、一定の配列で収録したレファレンス資料。

標目　検索の手がかりになるアクセスポイントをいう。タイトル、著者名、件名など。本書ではキーワードとしている。

便覧　→ ハンドブック

フィールド　→ 検索項目

複写サービス　図書館に所蔵する資料を、著作権法に基づき複写するサービス。

ブックトーク　あるテーマのもとに、選択した複数の本を、短い時間の中で紹介する児童サービスのひとつ。

ブックポスト　→ 返却ポスト

部分一致　→ トランケーション

ブール演算　→ 論理演算

文庫本　A6判（148×105mm）の大きさの小型の本をさす。新潮文庫や角川文庫などがある。

分類　資料をある観点で共通性を持つグループに分けること。

付録Ⅱ

分類記号　分類表の特定のクラスを表す記号。

分類表　分類体系を表す表。

閉架書架　一般に開放していない、あるいは制限つきで開放している書架。開架
　書架の反対。

返却ポスト　図書館の閉館時間に返却することができるポスト。通常玄関に設置
　してある。ブックポストともいう。

編者　著作の編集に携わった者。

ポータルサイト　さまざまなインターネット上の情報にアクセスする、入り口と
　なるWebサイトをいう。Googleなどの総合的なポータルサイトだけではなく、
　特定分野の情報をとりまとめた、その分野の窓口となるサイトにも用いられる。

ホームページ　本来は、Webサイトの一番最初のページをさすが、Webページ
　やWebサイト全体をさすこともある。

【ま行】

マイクロ資料　情報を光学的に縮小して記録した資料。マイクロフィルム、マイ
　クロフィッシュなど。

マイクロ資料リーダー　マイクロ資料を拡大し、読み取る機械。プリントできる
　ものもある。

見出し語　目録や索引の検索の手がかりとなるアクセスポイント。本書では項目、
　キーワードともいう。

名鑑　人物や企業・団体などの住所、概要などをリストしたレファレンス資料。
　人物は人名鑑、企業・団体は機関名鑑、団体名鑑などという。

目次　図書の章や節のタイトル、雑誌記事のタイトルを記し、そのあとに掲載さ
　れているページ数をつけて示したもの。

目録　ある目的のために作成された資料のリスト。所蔵場所がわかり、資料を入
　手できる。

【や行】

ヤングアダルト・コーナー　青少年向の資料を収集している書架や場所をさす。

洋雑誌　外国語で書かれた雑誌。外国語雑誌。

読み聞かせ　幼児や児童を対象として、本を読んで聞かせる児童サービスのひと
　つ。

予約　図書館の資料が貸出されていた場合に、次の貸出や閲覧を予約する制度。

返却と同時に図書館から連絡が入る。

【ら行】

ラーニング・コモンズ　大学図書館において、学生の自主的な学習支援のために設けられた場所や施設をいう。

利用カード　貸出やサービスを受けるために、姓名などを登録し、発行される個人カード。図書館カード、貸出カードなどともいう。

リンク　あるWebページから他のWebページやWebサイトに関連づけること。

リンク集　インターネットで、ほかのWebページやWebサイトへ関連づけたリストをいう。

レファレンス・コーナー　利用者の情報探索に便利なように、レファレンス資料がまとめて配架されたコーナー。通常レファレンス・カウンターがあり、レファレンス・サービスを受けられる。

レファレンス・サービス　利用者の情報要求を、図書館の資料や機能に結びつけてくれる、図書館員による人的情報提供サービス。

レファレンス資料　ある情報を得るために、必要とするときに必要とする部分を使用する資料。事典、辞典や目録、索引など。

録音図書　図書などの活字資料を音読して録音した資料で、CDやカセットテープなどがある。

論理演算　論理演算子を使って行う演算を論理演算という。

論理演算子　データベース検索で、キーワード間の関係を規定する演算子をいう。代表的な論理演算子は、AND、OR、NOTである。

【わ行】

和雑誌　日本語で書かれた雑誌。邦文雑誌。

を見よ　→ 参照

をも見よ　→ 参照

【ABC】

AND検索　情報検索で、キーワードAとキーワードBを合わせ持つ情報を検索する方法。

AV資料　→視聴覚資料

CD-ROM　読みだし専用のコンパクトディスク。約550メガバイトの容量を収

録でき、文字を中心として図形、音声、静止画なども混在できる。

DVD　Digital Versatile Disk の略。ビデオディスクの統一規格で、約4.7ギガバイトが記録できる。

ISBN　国際標準図書番号。International Standard Book Number の略。図書の流通や取引に役立つよう、図書の書名毎に与えられた13桁の国際的な識別番号。

NOT検索　情報検索で、キーワードAのうち、キーワードBを持たない情報を検索する方法をいう。

OPAC　Online Public Access Catalog の略。オンライン利用目録、オンライン所蔵目録などと訳される。図書館の蔵書目録をコンピュータで検索するシステム。

OR検索　情報検索で、キーワードA、あるいはキーワードBのどちらかを持つ情報を検索する方法をいう。

URL　Uniform Resource Locator の略。インターネット上の情報のある場所を記述したもの。アドレスともいう。

Webページ　インターネット上で一画面に表示されるデータをいう。

Webサイト　Webページが登録されている場所。Webページの集まり。

索　引

1. この索引は、本書の序文（はじめに）、本文、図、注、付録Ⅰ・Ⅱ（参考文献、用語解説）に現れた主な事項、資料名、データベース名、サイト名、機関・団体名などを見出し語としています。
2. 資料名は『　』、データベース名、サイト名などネット上の情報は「　」でくくりました。
3. 見出し語のあとの「（ ）」は見出し語の意味的な区別や補足説明です。
4. 副見出し語のうち、主見出し語を含む語は、その位置を「――」で示しています。
5. 参照の指示は、「→」（を見よ参照）および「⇒」（をも見よ参照）を用いています。複数の参照がある場合は、「；」で区切っています。
6. 見出し語のあとの数字は、本書のページを示しています。太字の数字は主要なページを、イタリック体の数字は用語解説のページを示し、数字の後ろの「図」「注」は、該当ページがそれぞれ図、注であることを示しています。
7. 和文項目を最初に配置し、見出し語のよみの五十音順で配列しています。長音、中黒、コロン、括弧などの記号は無視し、拗音と促音は直音とし、濁音と半濁音は清音としています。
8. 英文で始まる項目は和文項目の後に配置し、見出し語のローマ字およびローマ字書きのアルファベット順に配列しています。ただし、和文の副見出し語は、よみの五十音順で配列しています。

【あ】

「愛知県内図書館　雑誌・新聞総合目録」 164-165

アクセス年月日　→入手年月日

アクセント辞典 145-146

『アジア動向年報』 158,159

味の素食の文化センター 23

『新しい時代の図書館情報学』 201

案内型レファレンス資料 113,114図,115-120

【い】

『生きるための図書館』 201

『囲碁年鑑』 152

一次資料 42,45-51,46図,*206*

一次統計 129,159,160

移動図書館 24,61,*206*

医療情報 61

『岩波世界人名大辞典』 150,151

隠語辞典 140

インターネット情報 3-4,51

インターネット情報資源… 140,175,*206*
　　──の選び方………… 180-183,185
　　複数の──を使う…………… 183
『インターネットで文献探索』……… 203
『インターネット白書』……………… 126
『引用・参考文献の書き方』………… 102
「引用・参考文献の書き方 テンプレート」
………………… 102,105-106,106図
引用文献………………… 110,111図,*206*

【う】

受付カウンター……………………… 31

【え】

閲覧……………………………54,*206*
閲覧室…………………………… 40
『演劇年鑑』…………………………… 159
演算子　→論理演算子

【お】

大型本書架………………………… 33
大きさ（資料の）………………… 81
『大阪人物辞典』…………………… 151
横断検索サイト…………… 123-124
大宅壮一文庫　→「Web OYA-bunko」
奥付……………… 104,104図,*206*
オンライン所蔵目録　→ OPAC

【か】

開架書架…………… 31,33,*206*
会議資料………… 49-50,49図,*206*
下位語……………… 183,192,*206*
　　÷狭義語

外国語辞典………………………… 146
外国語資料………………… 41,61
『外国人物レファレンス事典』
…………………… 150,150図
『外国地名よみかた辞典』……… 156-157
回答型レファレンス資料
…………… 113,114図,121-130
外来語辞典………………………… 146
科学技術情報流通技術基準………… 102
『科学技術白書』…………………… 126
『化学便覧』…………… 125,159
画家名……………………… 80
格言を調べる…………………… 144
学習室…………………… 40-41
学術雑誌……………………47,*207*
拡大写本……………………… 61
貸出………………… 54-55,*207*
貸出カード　→利用カード
「学会名鑑」……………………… 154
学校図書館……………… 22,24,*207*
『学校図書館で役立つレファレンス・テ
　クニック』…………………… 203
学校図書館法…………………… 22
『角川外来語辞典』……………… 146
『角川古語大辞典』……… 143-144
『角川日本地名大辞典』…………… 158
カード目録………………39,*207*
簡易検索………… 72,73図,189
巻号………………… 106,*207*
患者図書館…………………… 24
完全一致……………… 179-180
『官報』………………………… 48
巻末索引…………………… 118
関連語………94-95,183,188,192,*207*
漢和辞典……………………… 142

【き】

擬音語辞典……………………………… 140
規格……………………………………50,*207*
機関名鑑………………………………… 128
機関リポジトリ…………47,190,193,*207*
企業・団体を調べる…… 147,148図,154
「闇蔵Ⅱビジュアル」………… 169-170
基準…………………………………… 50
『基本件名標目表』……………91,**98,99**図
紀要……………………………………… *207*
業界紙………………………………48,*207*
狭義語…………………………………… 95
　　　⇌下位語
郷土資料　→地域資料
業務統計………………………………… 129
キーワード…………………………89,*207*
　　　⇌件名
　　　──が見つからない場合は…… 99
　　　──が見つからない理由…… 92-93
　　　──のしくみ…………89-91,90図
　　　──の種類…………………91-92
　　　──のよみ………………… 96
　　　──を見つけるこつ………… 94-98
キーワードリスト　→件名標目表
禁帯出………………………………37,*207*
『近代日本総合年表』………………… 128

【く】

国を調べる　→地名を調べる

【け】

研究室……………………………… 40-41
『研究社新英和大辞典』……………… 146

研究調査報告書…………… 49図,50,*207*
健康情報………………………………… 61
検索　→情報検索
検索エンジン………………4-5,92,*207*
検索結果表示の評価………………… 182
検索語　→キーワード
検索項目…………… 72,73図,182,*207*
　　　──の選び方………… 72-75,186
検索式………… 177,184,186-187,*207*
『検索スキルをみがく』……… 203-204
検索対象………………………… 186
原情報の入手……………… 182,188
『現代外国人名録』…………… 151,152
『現代日本執筆者大事典』……… 163-164
『現代日本人名録』…………… 151,152
『現代物故者事典』…………… 150,151
『現代用語の基礎知識』……………… 143
原綴り………………………… 147
件名………… 74-75,82,92,*207*
　　　⇌キーワード
　　　──の使い方………… 97,97図,153
件名項目　→件名
件名標目表
　………… 98-99,99図,100-101図,*207*

【こ】

公開特許公報……………………… 50
『広漢和辞典』………………… 142
広義語………………………… 95
　　　⇌上位語
公共図書館……………… 21-22,24,*207*
　　　──のサービス………… 61-62
　　　──のネットワーク……… 25-26
『広辞苑』………………… **124**,140
講習会……………………… 59,62

更新頻度･･････････････････････ 181

『厚生統計要覧』････････････････ 161

購入リクエスト････････････････56,*208*

後方一致･･････････ 178-179,179図

国語辞典･･･････････････････････ 140

国際規格･･･････････････････････ 50

国際子ども図書館･･･････････････ 23

国際標準図書番号　→ ISBN

『国際連合世界統計年鑑』･････････ 160

『国史大事典』･･････････････････ 121

「国文学論文目録データベース」･･･166,168

国立国会図書館････････････22-23,24

　　──ネットワーク････････････ 27

「国立国会図書館オンライン」

　････････ 86,112,**116,117図**,165,166

「国立国会図書館検索・申込オンライン
　サービス」　→「国立国会図書館オ
　ンライン」

「国立国会図書館件名標目表」

　･････････････････98,100-101図

「国立国会図書館サーチ」

　････････ 88,**116,118**,162,165,194

「国立国会図書館　雑誌記事索引」

　･････････････････････ 119,167

「国立国会図書館デジタルコレクション」

　･･････････････････････ 60,63注

「国立国会図書館典拠データ検索・提供
　サービス」･････････98,100-101図

『国立国会図書館分類表』･･････････ 83

国立国会図書館法･･････････････ 23

古語辞典･･･････････････････････ 143

『故事俗信ことわざ大辞典』･･･ 144,144図

故事を調べる･･････････････････ 144

個人書誌･･･････････････ 115,*208*

国家規格･･･････････････････････ 50

ことばを調べる････････ 140-146,141図

　アクセント　･･････････････ 145-146

ことばを調べる（つづき）

　意味や漢字　･･･････････ 140-142

　外国語　･･･････････････････ 146

　外来語　･･･････････････････ 146

　漢字のよみや意味　･･･････････ 142

　古語　････････････････････ 143-144

　故事　････････････････････ 144

　ことわざ　････････････････ 144

　時事用語　････････････････ 143

　新語　････････････････････ 143

　難読語　･･･････････････ 142-143

　発音　････････････････ 145-146

　反対語　････････････････ 145

　方言　････････････････････ 145

　類義語　････････････････ 145

ことわざ辞典･･･････････････････ 144

【さ】

採択方針･･････････････････････ 181

「埼玉県内図書館横断検索」･･･････ 162

サイト　→ Web サイト

「佐賀県立図書館県内図書館横断検索シ
　ステム」････････････････････ 88

探す　→調べる

索引　･･････････････････ 118,*208*

　　──のしくみ･････････ 90-91,90図

　　──の使い方･････････ 134,135図

　　──の評価･･･････････････ 132

索引作業･････････････････････44,*208*

索引者･･････････････････････ 93

サーチエンジン　→検索エンジン

刷 ･･･････････････････････ 105

雑誌････････････････････････47,*208*

　　──を探す･････････ 164-165,164図

　　⇒資料

雑誌記事
　　　——の書誌事項………………… 103
　　　——の書誌事項の書き方
　　　　……………… 106-108,107図
　　　——を探す………… 166-168,167図
　　　——を手に入れる… 193-195,194図
雑誌記事索引………………… 47,118,*208*
　　　——の検索実例
　　　　………………… 120図,189-192,
　　　　　　190図,191図,192図
　　　主な——…119,166-168,168図,169図
「雑誌記事索引」（国立国会図書館）
　　　　……………………… 119,167
雑誌コーナー………………… 36,193
雑誌所蔵目録………… 70,112,164,193
『雑誌新聞総かたろぐ』……… 87,112,**165**
冊子体目録…………………… 39,70
冊数……………………………… 81
参考調査　→レファレンス・サービス
参考調査室　→レファレンス・コーナー
参考図書　→レファレンス資料
「参考図書案内」（リサーチ・ナビ）
　　　　………………………… 172-173
『参考図書解説目録』………… 171,172図
参考文献
　　　　………………… 110,111図,132-133,
　　　　　　136図,137-138,*208*
参照………… 96,134,136-137,136図,*208*
参照年月日　→入手年月日
『三省堂難読漢字字典』………… 142,143

【し】

司書　→図書館員
時事用語辞典…………………… 143
『司書になるには』…………… 201

『司書のお仕事：お探しの本は何です
　か？』…………………………… 201
自然語………………… **92,93,94**,185,192
　　　⇌統制語
シソーラス………… 99,99注,*208*
視聴覚障害者情報提供施設………… 24
視聴覚資料…………………… 51,*208*
視聴覚資料コーナー………………… 38
『実践型レファレンス・サービス入門』
　　　　………………………… 204
『知って得する図書館の楽しみ方』
　　　　………………………… 201-202
指定管理者制度………………… 29注
事典………………………… 121-124
　　　⇌専門事典；百科事典
辞典……………………… 124,*209*
自動車図書館　→移動図書館
児童書コーナー…………38,126,138
「ジャパンナレッジ」…………… 123
収録期間……………………… 181
収録対象…………………… 180-181
主題書誌………………… 115,166,*209*
主題別書架…………………… 34
出典……………………… 110,*209*
出版社　→出版者
出版者………… 75,81,105,*209*
「出版書誌データベース」……… 87,**163**
出版地………………………… 80
出版年…………75,81,105,132,*209*
『首都圏大学図書館ガイド：オトナの知
　的空間案内』…………………… 200
上位語………………… 183,192,*209*
　　　⇌広義語
障害者サービス………………… 61
商業雑誌……………………47,*209*
詳細検索………… 72,73図,189
松竹大谷図書館………………… 23

情報検索……………………………… *209*
　　──の機能………………… 175-180,182
　　──の実例
　　………189-192,190図,191図,192図
　　──の手順……… 183-188,184図
情報検索コーナー………………… 39-40
情報サービス……………… 45,46図,54
情報リテラシー…………………… 10,62
『情報リテラシーのための図書館』… 202
商用データベース…………… 40,59,*209*
抄録……………………… 82,166,*209*
抄録誌…………166,168,169図,*209*
『昭和ニュース事典』………… 170,171
書架…………………………… 31-34
『職員録』…………………… 152
食の文化ライブラリー……………… 23
書誌……………………… 115,*209*
書誌事項…………… 102,103,*209*
　　──がわからない場合は……… 112
　　参考文献リストから──を読み取る
　　………110,111図
書誌事項の書き方
　　雑誌記事 ………… 106-108,107図
　　新聞記事 ………… 108-109,108図
　　電子ジャーナル … 107-108,107図
　　電子媒体 ………………… 103
　　テンプレート … 105,106図
　　図書 ………… 104-106,104図
　　Webページ …… 109-110,109図
『書誌年鑑』………………… 172,173図
書誌の書誌………………… 171
所蔵目録………… 7-8,**38-39**,70,*209*
　　÷OPAC
所蔵目録コーナー………………… 38-39
調べ方案内　　→パスファインダー

調べる
　　企業・団体 ……… 147,148図,154
　　ことば ……… 140-146,141図
　　雑誌 ……… 164-165,164図
　　雑誌記事 ……… 166-168,167図
　　人物 ……… 146-154,148図
　　新聞 ……… 164-165,164図
　　新聞記事 ……… 169-171,167図
　　地名 ……… 155-159,155図
　　統計 ……… 159-161,160図
　　図書館 ……… 28-29,200
　　本 ……… 162-164,162図
　　レファレンス資料 ……… 171-174
シリーズ　→叢書
シリーズ名　→叢書名
資料
　　──が書架にない場合は
　　………85-86,85図
　　──が図書館にない場合は
　　……… 85図,87-88
　　──がOPACにない場合は
　　……… 85図,86-87
　　──の種類………… 45-51,46図
　　OPACから──を探す手順
　　……… 76-78,76図,77図
『新・アルファベットから引く外国人名
　よみ方字典』………………… 149
『新・カタカナから引く外国人名綴り方
　字典』………………… 147,149
新語辞典………………… 143
新書……………………… *209*
新書本書架………………… 33
深層ウェブ……………… 4,*209*
新着資料書架………………… 33
人物書誌　→個人書誌
『人物文献目録』………… 153,153図
『人物レファレンス事典』………… 149

人物を調べる‥‥‥‥‥‥ 146-154,148図
　　ある人物が書いた本、雑誌記事
　　　‥‥‥‥‥‥‥‥‥‥‥‥‥ 154
　　ある人物について書かれた本、雑
　　　誌記事 ‥‥‥‥‥‥‥‥‥ 153
　　掲載されている人名事典
　　　‥‥‥‥‥‥‥‥‥ 149-150
　　現在活躍中の著名な──
　　　‥‥‥‥‥‥‥‥‥‥ 151-152
　　現在活躍中の特定分野の──
　　　‥‥‥‥‥‥‥‥‥‥ 152-153
　　名前のよみ、原綴り ‥‥ 147,149
　　歴史上の著名な──‥‥‥ 150-151
新聞‥‥‥‥‥‥‥‥‥‥‥‥48,*209*
　　──を探す‥‥‥‥‥ 164-165,164図
　　⇒資料
新聞記事
　　──の書誌事項‥‥‥‥‥‥‥ 103
　　──の書誌事項の書き方
　　　‥‥‥‥‥‥‥‥ 108-109,108図
　　──を探す‥‥‥‥‥ 169-171,167図
新聞記事索引‥‥‥ 48,170,171,*209-210*
新聞記事データベース‥‥‥ 48,169-170
新聞コーナー‥‥‥‥‥‥‥‥‥‥ 36
新聞縮刷版‥‥‥‥‥‥ 36,169,**170**,*210*
人名鑑‥‥‥‥‥‥‥‥‥‥‥‥‥ 129
人名事典‥‥‥‥‥ 129,147,149-151,*210*
人名のよみ、原綴り‥‥‥‥‥‥ 147,149
人名録‥‥‥‥‥‥ 129,147,151-153,*210*

【す】

図鑑‥‥‥‥‥‥‥‥‥‥ 126-127,*210*
『スキルアップ！情報検索』‥‥‥‥ 204
ストーリーテリング‥‥‥‥‥‥61,*210*
刷（すり）‥‥‥‥‥‥‥‥‥‥‥‥ 105

【せ】

請求記号‥‥‥‥‥‥35,35図,**78-80,79図**,*210*
政府刊行物‥‥‥‥‥ **48-49**,125,132,*210*
製本‥‥‥‥‥‥‥‥‥‥‥‥‥‥ *210*
製本雑誌書架‥‥‥‥‥‥‥ 33-34,193
『西洋人物レファレンス事典』‥‥‥ 150
『世界大地図帳』‥‥‥‥‥‥‥ 127,157
『世界大百科事典』‥‥‥ 121,122図,123
『世界地名大事典』‥‥‥‥‥ 157-158
『世界伝記大事典』‥‥‥‥‥ **129**,150
『世界統計年鑑』‥‥‥‥‥‥‥‥ 160
『世界年鑑』‥‥‥‥‥‥‥ **158-159**,159
『世界の国旗と国章大図鑑』‥‥‥‥ 127
『世界の統計』‥‥‥‥‥‥‥ 160-161
前後一致‥‥‥‥‥‥‥‥ 178,179図
『全国各種団体名鑑』‥‥‥‥‥‥ 154
全国紙‥‥‥‥‥‥‥‥‥‥‥48,*210*
『全国市町村要覧』‥‥‥‥‥‥‥ 161
「全国新聞総合目録データベース」‥‥ 165
『全国地名駅名よみかた辞典』
　　‥‥‥‥‥‥‥‥‥‥‥ 156,156図
前方一致‥‥‥‥‥‥‥‥ 178,179図
専門事典‥‥‥‥‥‥‥ 121,138,*210*
『専門情報機関総覧』‥‥‥‥ 28,29図
専門図書館‥‥‥‥‥‥‥ 23-24,27,*210*
専門用語辞典‥‥‥‥‥‥‥‥‥ 140

【そ】

総合目録‥‥‥‥‥116,118,162,165,*210*
　　──の実例‥‥‥‥‥‥‥‥‥ 194
相互協力　→図書館ネットワーク
相互貸借　→図書館ネットワーク
総索引‥‥‥‥‥‥‥‥‥‥‥47,*210*
叢書‥‥‥‥‥‥‥‥‥‥‥ 104,*210*
蔵書印‥‥‥‥‥‥‥‥‥‥‥44,*210*

蔵書検索　→OPAC
叢書名·························· 81-82,104
蔵書目録　→所蔵目録
相談サービス　→レファレンス・サービス
総ページ··························· 105
総目次·························· 47,211

【た】

大学設置基準························ 22
大学図書館·················· 22,24,211
　　　——のサービス··········· 62
　　　——のネットワーク······· 26
大活字本··················· 41,61,211
『大漢和辞典』····················· 142
『大正ニュース事典』··········· 170,171
タイトル······················· 80,211
タイトル項目·················· 73-74
対面朗読······················ 61,211
対面朗読室························ 41
宅配サービス······················ 61
多文化サービス················· 61,211
多摩アカデミックコンソーシアム··· 26
単行本····················· 48,211
団体貸出························· 61
団体規格························· 50
団体名鑑························ 128

【ち】

地域資料··················· 21,34,211
地域を調べる　→地名を調べる
逐次刊行物······················· 211
地図····················· 127,157
地図帳··········· 127,155-156,157,211

地方公共団体刊行物
　　·········· 48-49,125,158,161
地方紙····················· 48,211
地方年鑑····················· 158,161
地名事典··············· 155,157,211
地名のよみ·········· 156-157,156図
地名を調べる·········· 155-159,155図
　　　国や地域の最近の状況、動向
　　　　···················· 158-159
　　　国や地域の場所、方角　········· 157
　　　国や地域の歴史、地理　··· 157-158
　　　地名のよみ　······ 156-157,156図
　　　旅行案内　············· 158
中間一致·········· 179,179図,189
注記························ 82,211
調査　→調べる
調査統計······················· 129
著作権··························· 211
著作権法··············59,62注,211
著者··························· 211
著者記号····· 34-35,35図,79-80,79図,211
著者標目················ 82,211-212
著者名····················· 80,105
著者名項目······················· 74

【つ】

通巻号···················· 106,212
『つながる図書館』······················ 202

【て】

定期刊行物···················· 47,48,212
『帝国データバンク会社年鑑』
　　············· **128-129,128図,154**
ティーンズ・コーナー　→ヤングアダルト・コーナー

デジタルアーカイブ……………60,*212*

『デジタル情報資源の検索』…………204

データ　→統計

データベース…………39-40,166,*212*

データベース検索…………………*212*

データベース検索サービス…………59

テーマの分析…………………………183

『電気工学ハンドブック』……………125

展示コーナー……………………………41

電子ジャーナル…………47,193,*212*

　　　——の書誌事項の書き方

　　　…………107-108,107図

電子書籍……………………………………61

電子資料……………………………………*212*

点字図書……………………41,61,*212*

点字図書館…………………………………24

点訳………………………………………………61

【と】

『東奥年鑑』………………………158,159

同義語…………94-95,183-184,188,*212*

　　　検索例　………………191-192

東京藝術大学附属図書館……………26

統計…………………………………129,159

　　　——を調べる………159-161,160図

　　　一般的な——…………160-161

　　　特定分野の——…………………161

統計資料…　129-130,130図,159-161,*212*

統制語…………………………91,92,93

　　　⇄自然語

『東洋人物レファレンス事典』………150

図書

　　　⇄本

　　　——の書誌事項……………103

　　　——の書誌事項の書き方

　　　……………104-106,104図,106図

図書館……………………………5-7,*212*

　　　——で扱う情報……………7

　　　——の機能……………………5

　　　——の３大資源…………42-43,42図

　　　——の種類……………21-24

　　　——の配置図……………32図,46図

　　　——のホームページ………30,60

　　　——を調べる………28-29,200

　　　利用できる——……………24,25図

図書館員………………9,43,64-65,*212*

　　　——の仕事……………43-45,43図

　　　——への相談………………64-69

『図書館員への招待』……………………201

『図書館員をめざす人へ』……………201

図書館横断検索システム………88,162

図書館ガイドブック……28-29,29図,200

図書館カード　→利用カード

図書館間貸出サービス………………27

『図書館活用術』…………………………11

図書館サービス　→情報サービス

図書館情報学……………10,12注,43,*212*

『図書館情報学用語辞典』……………199

『図書館情報学を学ぶ人のために』… 202

図書館資料　→資料

図書館送信(国立国会図書館)… 27,63注

図書館ツアー…………………………………31

『図書館で調べる』………………………204

『図書館徹底活用術』……………………204

『図書館・読書・出版レファレンスブック』

　　　…………………………………200

図書館ネットワーク……7,23,25-28,*212*

『図書館年鑑』……………………………200

『図書館のしごと』………………………202

『図書館のすべてがわかる本』………202

『図書館のトリセツ』……………………202

『図書館のひみつ』…………………202-203

『図書館ハンドブック』················ 199
『図書館へ行こう』················· 200
図書館法··················· 21
図書館向けデジタル化資料送信サービス
················ 27,63注
『図書館用語集』················ 199
「図書館リンク集」··············· 28
図書記号····· 34-35,35図,79-80,79図,*212*
特許資料··············· 50-51,*212*
特許制度··············· 50,*212*
トランケーション··· 178-180,179図,*212*

【な】

『中島敦書誌』················· 115
『名前10万よみかた辞典』··········· 149
難読語辞典·················· 142

【に】

二次資料················· 42,52,*213*
二次統計··············· 129,159
日外アソシエーツ·············· 102-103
「日経シソーラス」········ 99注,170,**174注**
「日経テレコン」··········· 9,154,169,**170**
『日本音楽大事典』·············· 121
日本規格協会ライブラリー····· 50,53注
『日本国語大辞典』··········· 140,**142**,143
『日本十進分類法』····· 82,**83-84**,84図,91
『日本人名大事典』·············· 150,151
『日本大地図帳』··············· 157
『日本大百科全書』
··········· 123,134-137,135図,136図
『日本統計年鑑』········· 9,**130**,130図,160
『日本の統計』················ 160,161
『日本の図書館』··············· 200

『日本方言大辞典』·············· 145
入手先··················· 103
入手年月日··········· 103,107-108,110
『ニューヨーク公共図書館：エクス・リ
ブリス』··············· 203

【ね】

年鑑··········· **125**,155,158,159,161,*213*
年表················· 127-128,*213*

【の】

納本制度···············23,*213*

【は】

配列（本の）············· 34-35,35図
白書········ 48,**125-126**,158,159,161,*213*
『幕末維新大人物事典』·············· 151
パスファインダー··· 60,60図,62,172,*213*
破損·················· 55
発音辞典················ 145-146
バックナンバー········· 33-34,36,47,*213*
発行者··················· 105
発行所　→出版者
版次················· 80,105,*213*
反対語辞典················· 145
ハンドブック··········· **125**,159,161,*213*
販売書誌················· 163
凡例················· 131,137,*213*
　　⇒ヘルプ

【ひ】

ビジネス支援サービス············· 61

『美術家人名事典』…………………… 151
百科事典… **121-123**,138,150,155,157,*213*
標目……………………………………… *213*
便覧　→ハンドブック

【ふ】

フィールド　→検索項目
複合語…………………………………… 95
複写コーナー…………………………… 41
複写サービス……………………59,*213*
『服飾文献目録』……………………… 115
ブックトーク……………………61,*213*
ブックポスト　→返却ポスト
部分一致検索　→トランケーション
プライバシー保護………………… 55,67
ブール演算　→論理演算
『文献調査法』…………………… 204-205
文庫本……………………………33,*213*
文庫本書架……………………………… 33
紛失……………………………………… 55
分類…………………………………… *213*
分類記号………… 34-35,35図,75,82,*214*
　　──の検索……………97-98,97図
分類表……………………………83,*214*
分類表示板…………………………35図,78

【へ】

閉架書架………………………… 31,33,*214*
ページ数………………………………… 81
別置……………………………… 33-34,85-86
ヘルプ………… 72,73図,185,185図,186図
　　⇨凡例
返却………………………………… 35,55
返却期限………………………………… 55

返却ポスト………………… 55,55図,*214*
編者…………………………………… *214*
編者名…………………………………… 80

【ほ】

『保育用語辞典』……………………… 140
方言辞典………………………………… 145
『防災白書』…………………………… 161
『法情報の調べ方入門』……………… 205
法律情報サービス……………………… 61
法令……………………………………… 50
『法令用語辞典』……………………… 140
ポータルサイト……………………… *214*
ホームページ………………………… *214*
ボランティア活動……………………… 62
本
　　⇨図書
　　──の配列……………34-35,35図
　　──を探す………… 162-164,162図
　　⇨資料
翻訳者名………………………………… 80

【ま】

マイクロ資料……………………… 41,*214*
マイクロ資料リーダー…………… 41,*214*

【み】

見出し語……………………………… *214*
　　⇨キーワード
『苗字８万よみかた辞典』 …… 147,**149**
民間白書……………………………… 126

【め】

名鑑·························· **128**,147,154,*214*
『明治ニュース事典』············· 170,171

【も】

目次···························· *214*
目録···························· 116,*214*
　──の作成·················· 44
目録カード　→カード目録
『もっと楽しむ図書館マスターガイド』
　···························· 200
漏れ（検索の）·········· 124,179,188,192

【や】

ヤングアダルト・コーナー········ 41,*214*

【ゆ】

優先順位の演算子··················· 177
「ゆにかねっと」··················· 118

【よ】

『夜明けの図書館』··················· 203
洋雑誌····························· 36,*214*
『読売年鑑』···················· **126**,151
読み聞かせ··················· 38,61,*214*
よみを調べる
　　漢字　···················· 142-143
　　人名　···················· 147,149
　　地名　···················· 156-157
予約························ 56,*214-215*

【ら】

ラーニング・コモンズ········· 41,62,*215*
ラベル··················· 34,35図,37

【り】

『理科年表』··················· 9,**125**,161
『リーガル・リサーチ』·············· 205
「リサーチ・ナビ」················ 172-173
略語··························· 95,146
利用案内····················30-31,30図
利用カード··················· 55,*215*
利用できる図書館··············· 24,25図
利用の手引き　→凡例；ヘルプ
旅行案内書·················· 155,158
旅行案内を調べる················· 158
リンク························ *215*
リンク集······················28,*215*

【る】

類義語························· 94-95
類義語辞典······················· 145
『類語国語辞典』··················· 145

【れ】

『レジャー白書』··················· 126
レファレンス・カウンター··········· 37
「レファレンス協同データベース」
　························58,62注
レファレンス・コーナー······ 36-37,*215*
レファレンス・サービス
　··············· 37,**56-59**,174,*215*
　　相談のしかた　·············· 65-69

レファレンス資料
　　………… 8-9,36-37,52,113,*215*
　　——の選び方………… 130-133
　　——の種類……… 113,114図,115
　　——の使い方……… 133-138
　　——を調べる……… 171-174
　　インターネット上の——……… 140
　　調査タイプ別——… 138-140,139図
　　複数の——を使う…… 137,182-183
「レファレンス事例」………… 58,62注
レファレンス・ブック　→レファレン
　ス資料
『レファレンス・ブックス』………… 205
『レポート・論文作成のための引用・参
　考文献の書き方』………… 102

【ろ】

録音図書……………… 41,61,*215*
録音図書作成室……………… 41
論理演算……………… *215*
論理演算子
　…… 175-178,176図,178図,184,*215*

【わ】

和雑誌……………… 36,*215*

【を】

を見よ参照………… 96,134,136,136図
をも見よ参照………… 96,136,136図

【ABC】

AND検索 …………176-178,176図,*215*

AV資料　→視聴覚資料
『BOOKPAGE 本の年鑑』
　……… 115-116,115図,163
『BSH』　→『基本件名標目表』
「CiNii Articles」 … 112,**119,120図**,166
　　——の検索例
　　… 189-192,190図,191図,192図
　　——のヘルプ画面…… 185図,186図
「CiNii Books」………… 88,**118**,162,165
　　——の検索例……… 194,194図
CD-ROM ……………… *215-216*
DVD ……………… *216*
「e-Gov 法令検索」……… 50,52注
「e-Stat」……………… 9,126,**161**
ISBN ………………… 82,*216*
JapanKnowledge ……………… 123
「JDream Ⅲ」……………… 168
「J-PlatPat」……………… 51,53注
「JST 科学技術用語シソーラス」
　……………… 99注,168,174注
「JSTPlus」……………… 166,**168,169図**
「magazineplus」……… 119,166,**167**
「MEDLINE」……………… 168
『NDC』 ……… 82,**83-84,84図**,91
「NDLC」……………… 83
「NDL ONLINE」　→「国立国会図書
　館オンライン」
「NDLSH」……………98,100-101図
『NHK日本語発音アクセント新辞典』
　……………… 145-146
NOT検索 ……………… 176図,177,*216*
OPAC ……………… 39,52,**70**,*216*
　　→所蔵目録
　　——で資料がみつからない場合は
　　……………………86-87
　　——で資料を探す手順
　　……………… 76-78,76図,77図

索引

OPAC（つづき）

　　──の検索画面⋯⋯⋯72,73図,76図

　　──の検索結果一覧⋯⋯⋯ 76,76図

　　──の検索項目⋯⋯⋯⋯⋯ 72-75

　　──のしくみ⋯⋯⋯⋯⋯70-71,71図

　　──の詳細表示画面

　　⋯⋯⋯⋯ 77-78,77図,**80-82,81図**

　　──の利用⋯⋯ 112,116,153,162,164

OR 検索 ⋯⋯⋯ 176図,177-178,178図,*216*

「Pub DB」⋯⋯⋯⋯⋯⋯⋯⋯⋯ 87,**163**

see 参照 ⋯⋯⋯⋯⋯ 96,134,136,136図

see also 参照 ⋯⋯⋯⋯⋯⋯ 96,136,136図

「SIST02-2007:参照文献の書き方」⋯ 102

SNS⋯⋯⋯⋯⋯⋯⋯⋯⋯⋯⋯⋯ 30,60

『Statistical Yearbook』⋯⋯⋯⋯⋯ 160

URL ⋯⋯⋯⋯ 103,107-108,110,*216*

「Web NDL Authorities」⋯ 98,100-101図

WebOPAC　→ OPAC

「Web OYA-bunko」⋯⋯ 166,**167,168図**

Web ページ ⋯⋯⋯⋯⋯⋯⋯⋯ *216*

　　──の書誌事項⋯⋯⋯⋯⋯ 103

　　──の書誌事項の書き方

　　⋯⋯⋯⋯⋯⋯ 109-110,109図

Web サイト ⋯⋯⋯⋯⋯⋯⋯⋯ *216*

「who」⋯⋯⋯⋯⋯⋯⋯⋯⋯⋯ 153

「whoplus」⋯⋯⋯⋯⋯⋯⋯ 152-153

Wi-Fi ⋯⋯⋯⋯⋯⋯⋯⋯⋯⋯ 61

著者略歴

藤田 節子（ふじた・せつこ）

東洋大学社会学部図書館学専攻卒業。(財)造船資料センター、(株)エレクトロニック・ライブラリー、川村学園女子大学教授等を経て、現在フリーランス・ライブラリアン、久遠索引工房代表。
著書に『引用・参考文献の書き方』『データベース設計入門』『レポート作成法（共著）』（日外アソシエーツ）『本の索引の作り方』（地人書館）『自分でできる情報探索』『キーワード検索がわかる』（ちくま新書）『情報管理・検索に活かすインデックスのテクニック』（共立出版）他多数。

初　版　『学生・社会人のための 図書館活用術』(1993.10刊)
新訂版　『新訂 図書館活用術―探す・調べる・知る・学ぶ』
　　　　（2002.6刊)
新訂第3版『図書館活用術 新訂第3版―情報リテラシーを身につけるために』(2011.10刊)
新訂第4版『図書館活用術 新訂第4版―検索の基本は図書館に』
　　　　（本書)

図書館活用術 新訂第4版
―検索の基本は図書館に

2020年 2月25日　第1刷発行
2023年10月25日　第3刷発行

著　　　者／藤田節子
発　行　者／山下浩
発　　　行／日外アソシエーツ株式会社
　　　　　〒140-0013 東京都品川区南大井6-16-16 鈴中ビル大森アネックス
　　　　　電話 (03)3763-5241 (代表) FAX(03)3764-0845
　　　　　URL https://www.nichigai.co.jp/

　　　　　組版処理／日外アソシエーツ株式会社
　　　　　印刷・製本／シナノ印刷株式会社

Webで学ぶ 情報検索の演習と解説
〈情報サービス演習〉

野口武悟、千錫烈 編著　齋藤泰則、松山巌、長谷川幸代、新藤透、水沼友宏 著
A5・120頁　定価2,750円（本体2,500円＋税10%）　2023.3刊

大学・短期大学の司書課程科目「情報サービス演習」に最適のテキスト。情報検索に必要な基礎知識について述べた第1部と、実際の検索演習の解説と演習問題による第2部で構成。

スキルアップ！ 情報検索—基本と実践 新訂第2版

中島玲子・安形輝・宮田洋輔 著
A5・200頁　定価2,695円（本体2,450円＋税10%）　2021.1刊

情報検索スキルの基本から実践まで、わかりやすく、コンパクトにまとめられたテキスト。欲しい情報が短時間で手に入る検索スキルが身につく。実践的な検索のヒントや裏ワザ、豆知識も豊富にわかりやすく解説。

日本図書館史概説 新版
＜図書館サポートフォーラムシリーズ＞

岩猿敏生 著
四六判・330頁　定価2,970円（本体2,700円＋税10%）　2023.7刊

古代から昭和20年まで、日本における図書と図書館（文庫）の歴史をその時代背景とともに通史的に詳説する概説書。近世以前の「文庫」の成立や時代背景まで取り上げて詳述。古書籍についての書誌学的記述や貸本など、広い意味での図書文化に関する記述も多く、幅広い知識を得ることができる。

海を渡ってきた漢籍—江戸の書誌学入門
＜図書館サポートフォーラムシリーズ＞

髙橋智 著　四六判・230頁　定価3,520円（本体3,200円＋税10%）　2016.6刊

江戸時代の主要な出版物であった漢籍に光を当て、漢学者や漢籍をめぐるレファレンス書誌、出版事情を語る。図書館員や学芸員が知っておきたい漢籍の知識を、図版243枚を用いてわかりやすく解説。巻末に「藩校・大名家蔵書等目録類一覧」「主な漢籍レファレンスブック」「関係略年表」を付す。

データベースカンパニー
日外アソシエーツ
〒140-0013　東京都品川区南大井6-16-16
TEL.(03)3763-5241　FAX.(03)3764-0845　https://www.nichigai.co.jp/